LOGIK, ETHIK, MYSTIK.

Vorträge

von

Dr. Harun Pačić

Privatdozent der Universität Wien
Professor (FH) an der Fachhochschule des BFI Wien.

Harun Pačić

LOGIK, ETHIK, MYSTIK.

Philosophie und Rechtslehre.

Bibliografische Information der Deutschen Nationalbibliothek:
Die Deutsche Nationalbibliothek verzeichnet diese Publikation
in der Deutschen Nationalbibliografie; detaillierte
bibliografische Daten sind im Internet über http://dnb.dnb.de
abrufbar.

Herstellung und Verlag: BoD – Books on Demand,
Norderstedt

ISBN: 978-3-7494-6969-7

Inhaltsverzeichnis.

Einleitung.

Das Büchlein enthält die Schriftfassung dreier Impulsvorträge an der Fachhochschule des BFI Wien im Studienjahr 2019/20; es ist *kein* Lehrbuch.

Mein Bestreben war es, philosophische Grundgedanken von LUDWIG WITTGENSTEIN *rechts*philosophisch zu *über*denken und *prägnant* auszudrücken.[1]

Für wertvolle Anregungen bin ich Mag.ª *Alma* Pačić, meiner Ehefrau, zu Dank verpflichtet. Dank gebührt Dr. Michael *Reiner* für konstruktive Kritik.

Für die Eröffnung der Möglichkeit, die hierin ausgedrückten Gedanken bei einem Symposion an der FH des BFI Wien zu erörtern, danke ich Mag.ª Eva *Schießl-Foggensteiner* wie auch Rektor (FH) Prof. (FH) Dr. Andreas *Breinbauer*.

Wien, 2019.   H. P.

---

[1] Zur *Einführung*: J. Schulte, Wittgenstein, 2. Auflage, Reclam, Stuttgart 2016.

1. Vortrag.

Die **Logik** ist das (Sinn-)Bild der Welt im Spiegel der Sprache.[2]
Die Welt ist (nicht: alles, was es gibt, sondern) alles, was der
(Real-)Fall ist.[3]

---

[2] Vgl. L. Wittgenstein, Logisch-philosophische Abhandlung: Tractatus logico-philosophicus (1918, Publikation 1921), 34. Auflage, Suhrkamp, Frankfurt am Main 2013, Nr. 6.13; derselbe, Aufzeichnungen, die G.E. Moore in Norwegen nach Diktat niedergeschrieben hat (1914), in: Werkausgabe 1, 22. Auflage, Suhrkamp, Frankfurt am Main 2016, S. 209; ders., Vorlesungen 1930-1935, übers. von J. Schulte, Suhrkamp, Frankfurt am Main 1989, Reihe A (1930) IV; B. McGuinness, Der Grundgedanke des *Tractatus*, in: J. Schulte (Hrsg.), Texte zum Tractatus, Suhrkamp, Frankfurt am Main 1989, S. 32 bis 48.
[3] Vgl. L. Wittgenstein, Tractatus 1 und 2.063; Vorlesungen, Miszellen, S. 138; Aristoteles, Über die Welt, übers. von O. Schönberger, Reclam, Stuttgart 2009, Zweites Kapitel.

Die Welt ist die Gesamtheit der Tatsachen, nicht die Summe der Sachen (Dinge).[4] Die Welt ist durch Tatsachen und dadurch bestimmt, dass diese *alle* sind, denn ihre Gesamtheit bestimmt, was der Fall ist und (damit) auch, was alles nicht der Fall ist.[5]

Die Tatsachen im Rahmen der (Sprach-)Logik (Grammatik) sind die Welt; sie zerfällt (sozusagen) in (atomare) Tatsachen, deren (dynamische) Vernetzung (sich) evolutiv oder emergent (aus-)wirkt.[6]

---

[4] Vgl. L. Wittgenstein, Tractatus 1.1; A.N. Whitehead und B. Russel, Principia Mathematica, Cambridge University Press, Cambridge 1997 (Nachdruck), Kapitel II, S. 43.

[5] Vgl. L. Wittgenstein, Tractatus 1.11 und 1.12.

[6] Vgl. L. Wittgenstein, Tractatus 1.13, 1.2. und 1.21; Vorlesungen, Miszellen, S. 138; Vorlesungen, Teil III (1934/35), 5. Vorlesung; H. Visser, Wittgenstein as a non-Kantian philosopher, in: E. Morscher und R. Stranzinger (Hrsg.), Akten des 5. Int. Wittgenstein Symposiums, Hölder-Pichler-Tempsky, Wien 1981, S. 399 bis 405; W. Krohn und G. Küppers (Hrsg.), Emergenz: Die Entstehung von Ordnung, Organisation und Bedeutung, Suhrkamp, Frankfurt am Main 1992; R. Hartig-Perschke, Anschluss und Emergenz, VS, Wiesbaden 2009; J. Greve und A. Schnabel (Hrsg.), Emergenz, Zur Analyse und Erklärung komplexer Strukturen, Suhrkamp, Frankfurt am Main 1917; G. Calliess, A. Fischer-Lescano, D. Wielsch und P. Zumbansen (Hrsg.), Soziologische Jurisprudenz, Festschrift für G. Teubner, De Gruyter, Berlin 2009; I. Kant, Kritik der reinen Vernunft, hrsg. von I. Heidemann, Reclam, Stuttgart 2013, Grundsatz des Zugleichseins, nach dem Gesetze der Wechselwirkung, oder Gemeinschaft.

Was der Fall ist, die Tatsache, das ist: (nicht der bestehende Sachverhalt, sondern) das Bestehen (Sein) von Sachverhalten (als atomaren Komplexen).[7] Der Sachverhalt ist eine denkbare Verbindung von Objekten (Gegenständen): *einfachen* Sachen.[8]

Wie wir uns räumliche Objekte nicht außerhalb des Raumes, zeitliche nicht außerhalb der Zeit vorstellen können, so können wir *kein* Objekt außerhalb der *Möglichkeit* seiner Verbindung mit anderen Objekten denken.[9]

Was im Sachverhalt vorkommen kann, das ist *wesentlich* ein Bestandteil desselben; die möglichen Sachlagen sind im Objekt präjudiziert, denn die Logik ist frei vom Zufall.[10] Kenne ich eine Sache, so kenne ich sämtliche Möglichkeiten des Vorkommens derselben in Sachverhalten; sie liegen in der *Natur* der Sache.[11]

---

[7] Vgl. L. Wittgenstein, Tractatus 2; derselbe, Philosophische Untersuchungen, hrsg. von J. Schulte, Suhrkamp, Frankfurt am Main 2003, 7. Aufl.: 2015, § 50; P.M. Simons, Das alte Problem von Komplex und Tatsache, in: Schulte, Texte zum Tractatus (1989), S. 71 bis 95; J. Griffin, Wittgenstein's Logical Atomism, Claredon Press, Oxford 1964, S. 41 f.

[8] Vgl. L. Wittgenstein, Tractatus 2.01, 2.0121, 2.02 und 3.02; Philosophische Untersuchungen, § 39.

[9] Vgl. L. Wittgenstein, Tractatus 2.0121; Vorlesungen, Reihe A (1930) III; und: Zettel, in: Werkausgabe 8, 15. Auflage, Suhrkamp, Frankfurt am Main 2017, S. 332 (Nr. 263); I. Kant, Kritik der reinen Vernunft, Der Transzendentalen Ästhetik Erster Abschnitt.

[10] Vgl. L. Wittgenstein, Tractatus 2.011, 2.012, 2.014 und 6.125 bis 6.1261 sowie 6.3; derselbe, Tagebücher 1914 – 1916, in: Werkausgabe I, 11. Auflage, Suhrkamp, Frankfurt am Main 2016, Eintrag vom 2.9.14.

[11] Vgl. L. Wittgenstein, Tractatus 2.0122 und 2.0123.

Die Natur der Sache ist der Inbegriff der Eigenschaften, die sie denknotwenig hat; es ist undenkbar, dass *diese* Sache diese Eigenschaften nicht aufweist.[12] Das ist nicht der Sache selbst, sondern der Art und Weise geschuldet, *wie* wir von ihr reden.[13]

Sind alle Objekte gegeben, so sind (damit) alle *möglichen* Sachlagen gegeben; jede Sache ist, gleichsam, in einem Raum aller Möglichkeiten, den ich mir leer, nicht aber die Sache ohne den Raum (als Rahmen) vorstellen kann.[14]

---

[12] Vgl. L. Wittgenstein, Tractatus 2.01231 und 4.123; Aristoteles, Kategorien, übers. von I.W. Rath, Reclam, Stuttgart 2012.

[13] Vgl. L. Wittgenstein, Vorlesungen, Miszellen S. 139 (Nr. 2.012); R. Raatzsch, Begriffsbildung und Naturtatsachen, in: E. Savigny und O.R. Scholz (Hrsg.), Wittgenstein über die Seele, 3. Auflage, Suhrkamp, Frankfurt am Main 2016, S. 268 ff. (270); W. Benjamin, Über die Sprache überhaupt und über die Sprache des Menschen (1916), hrsg. von F. Lönker, Reclam, Stuttgart 2019, S. 11; I. Kant, Kritik der reinen Vernunft, Anmerkung zur Amphibolie der Reflexionsbegriffe.

[14] Vgl. L. Wittgenstein, Tractatus 2.0124, 2.013 und 2.0131; K. Buchheister und D. Steuer, Ludwig Wittgenstein, J.B. Metzler, Stuttgart 1992, S. 39.

Das Objekt, das ist: die *einfache* Sache, ist ein (Ur-)Element der Darstellung in *dem* Sinne, wie wir uns mit: *dies* (oder das) auf (*irgend-*)etwas beziehen (können); *diese* Sachen begreifen sonach alle erdenklichen Sachverhalte in sich.[15] Die Möglichkeit ihres Vorkommens darin macht ihre *Form* aus: Raum, Zeit und Farbe (Farbigkeit) sind Formen derselben.[16]

Die Objekte bilden als Inhalt der Welt *die* Substanz der Welt: den logischen Rahmen: die *feste* Form der Welt; die Form der Wirklichkeit (Realität).[17]

---

[15] Vgl. L. Wittgenstein, Tractatus 2.0124, 2.02, 2.0201, 2.0233, 2.02331 und 4.1272; Tagebücher, in: Werkausgabe I[11] (2016), Eintrag vom 3.9.14, 16.5.15, 18.6.15; Vorlesungen, Miszellen S. 139; Philosophische Untersuchungen, §§ 39, 45 bis 48; H. Ishiguro, Namen: Gebrauch und Bezugnahme, in: Schulte, Texte zum Tractatus (1989), S. 96 bis 135 (117); H.D. MacLeod, Principles of Economical Philosophy, Band I, 2. Auflage, Longmans, London 1872, S. 481; K. Luig, Zur Geschichte der Zessionslehre, Böhlau, Köln 1966; B. Huwiler, Der Begriff der Zession in der Gesetzgebung seit dem Vernunftrecht, Schulthess, Zürich 1975.

[16] Vgl. L. Wittgenstein, Tractatus 2.0141, 2.0232, 2.024 bis 2.027; I. Kant, Kritik der reinen Vernunft, Der Transzendentalen Ästhetik Erster und Zweiter Abschnitt.

[17] Vgl. L. Wittgenstein, Tractatus 2.021, 2.0211 sowie 2.0212; Tagebücher 17.6.1915; N. Malcolm, Sprache und Gegenstände, in: Schulte, Texte zum Tractatus (1989), S. 136 bis 154; derselbe, Nothing is Hidden, Blackwell, Oxford 1986, Kap. 1; P. Winch, Trying to Make Sense, Blackwell, Oxford 1987; I. Kant, Kritik der reinen Vernunft, Grundsatz der Beharrlichkeit der Substanz; G.W. Leibniz, Fünf Schriften zur Logik und Metaphysik, übers. von H. Herring, Reclam, Stuttgart 2009, Über die Verbesserung der ersten Philosophie und den Begriff der Substanz.

Die Konfiguration der Objekte ist unbeständig (wechselnd) und bildet den Sachverhalt, dessen Struktur die Art und Weise ist, wie sie darin zusammenhängen, sich zueinander verhalten; die (Real-)Form ist die Möglichkeit der Struktur (überhaupt).[18]

Elementare Sachverhalte sind unabhängig voneinander; ihr Bestehen und Nichtbestehen ist die *atomare* Wirklichkeit, die gesamte Wirklichkeit ist (abermals) die Welt.[19]

---

[18] Vgl. L. Wittgenstein, Tractatus 2.0271 bis 2.033; D. Pears, Die Beziehung zwischen Wittgensteins Bildtheorie des Satzes und Russels Urteilstheorien, in: Schulte, Texte zum Tractatus (1989), S. 49 bis 70; B. Russel, Theory of Knowledge, Allen and Unwin, London 1984, hrsg. von E.R. Eames.

[19] Vgl. L. Wittgenstein, Tractatus 2.04 bis 2.063; A. Müller, Wittgensteins »Tractatus«, Bouvier, Bonn 1967, S. 30; R. Fogelin, Wittgenstein, Routledge & Kegan Paul, London 1976, S. 11 f.; R.A. Dietrich, Sprache und Wirklichkeit in Wittgensteins Tractatus, Niermayer, Tübingen 1973, S. 20 bis 25; P.M. Simons, Logical and Ontological Independence in the *Tractatus*, in: Morscher und Stranzinger (Hrsg.), Akten des 5. Int. Wittgenstein Symposiums (1981), S. 464 bis 467.

Wir machen uns *Bilder* bestehender und nichtbestehender Sachverhalte, wobei das Bild das Bestehen und Nichtbestehen einer Sachlage (*status* rerum) im Rahmen der Logik *vorstellt*, (gleichwie) als ein Modell der Wirklichkeit.[20] Psychoanalytische Traumdeutung verdeutlicht, dass die Art der Abbildung derart kompliziert und unregelmäßig sein kann, dass sie uns *kaum* als Abbildung erscheint.[21] Auch abstraktem Denken – Träumen ist übrigens *nicht*: Denken (Sprechen) – liegen sinnliche Eindrücke zugrunde, was an der Vielzahl von Metaphern (auch in unserer Rechtssprache) deutlich wird.[22]

---

[20] Vgl. L. Wittgenstein, Tractatus 2.1 bis 2.12; Tagebücher 26.10. und 3.11. 1914; Vorlesungen, Philosophie (1932/33) S. 179.

[21] Vgl. L. Wittgenstein, Vermischte Bemerkungen, in: Werkausgabe 8, 15. Auflage, Suhrkamp, Frankfurt am Main 2017, S. 512.

[22] Vgl. D. Damler, Rechtsästhetik, Sinnliche Analogien im juristischen Denken, Duncker & Humblot, Berlin 2016; F. Schiller, Von den notwendigen Grenzen des Schönen, in: ders., Sämtliche Werke, Band 8: Philosophische Schriften, bearbeitet von B. Pelzer, Berlin 2005, S. 409 bis 426 (414); I. Kant, Was heißt: sich im Denken orientieren? in: derselbe, Werke in 12. Bänden, hrsg. von W. Weischedel, Band 5, Frankfurt am Main 1968, S. 267 bis 283; R.W. Emerson, Natur, Reclam, Stuttgart 2019, S. 26 ff.; D. Hume, Eine Untersuchung über den menschlichen Verstand, übers. von H. Herring, Reclam, Stuttgart 2013, Zweiter Abschnitt; A.G. Baumgarten, Ästhetik 1, Meiner, Hamburg 2007, § 1; G. Lakoff und M. Johnson, Leben in Metaphern, Konstruktion und Gebrauch von Sprachbildern, übers. von A. Hildenbrand, 6. Aufl., Carl-Auer, Heidelberg 2008, S. 44; N. Epley, A. Waytz und J. Cacioppo, On seeing Human, A Thee-Factor Theory of Anthropomorphism, Psychological Review 114 (2007) 864 bis 886; S. Mithen, The Prehistory of the Mind, A search for the origins of art, religion and science, London 1996, S. 164.

Die Elemente des Bildes vertreten die ihnen entsprechenden Objekte derart, dass sie sich *so* zu einander verhalten wie diese sich zu einander verhalten; die Art und Weise, in der sich die Elemente des Bildes tatsächlich zueinander verhalten, ist seine Struktur, und deren Möglichkeit ist seine Form der Abbildung.[23] Zum Bild gehört die abbildende Beziehung, also die Zuordnung seiner Elemente zu den Objekten: Das Bild reicht zur Realität hin, an die es zum Vergleich angelegt ist, ohne *ihre Form* zu vertreten.[24] Es muss von gleicher logischer (grammatischer) Mannigfaltigkeit sein wie die Sachlage, die es darstellt; daran muss gerade *so* viel zu unterscheiden sein.[25]

---

[23] Vgl. L. Wittgenstein, Tractatus 2.13 bis 2.151; F. Ramsey, Rezension des Tractatus, in: Schulte, Texte zum Tractatus (1989), S. 11 bis 31 (12 und 14).

[24] Vgl. L. Wittgenstein, Tractatus 2.1511 bis 1.1515 und 4.0312; Tagebücher 25.12.1914 und 3.4.1915; Vorlesungen, Reihe A (1930) III und VII; Reihe C (1931/32) XIX; B. Russel, Our Knowledge of the External World, Open Court, Chicago/ London 1914, S. 208.

[25] Vgl. L. Wittgenstein, Tractatus 4.04 und 4.041; Tagebücher 4.9. und 18.12. 1914; Vorlesungen, Reihe A (1930) I und III.

Das Bild kann jede Wirklichkeit abbilden, deren (räumliche, farbige oder sonstige) Form es hat, wobei jedes Bild die Form der Wirklichkeit (logische Form) hat, doch kann es *diese* Form nicht abbilden: es weist sie (schlichtweg) auf.[26] Es stellt eine logisch mögliche Sachlage dar, ohne dass (a priori) ersichtlich wäre, ob sein Gehalt (Inhalt), die Darstellung, wahr oder falsch ist; ob sich die Sachen *wirklich so* verhalten.[27] Wie die Realität mit dem Bild zu vergleichen ist, ist durch die Darstellungsweise (vor-)bestimmt.[28]

---

[26] Vgl. L. Wittgenstein, Tractatus 2.16 bis 2.172; Tagebücher 20.10.1914; Vorlesungen, Reihe A (1930) II.

[27] Vgl. L. Wittgenstein, Tractatus 2.173 bis 2.225, 4.05, 4.06 und 6.111 und 6.113; Vorlesungen, Reihe A (1930) IV und VII; A. Tarsky, Die semantische Definition der Wahrheit und die Grundlagen der Semantik (1944), in: G. Skirbekk (Hrsg.), Wahrheitstheorien, Suhrkamp, Frankfurt am Main 1977, S.140 bis 188; A. Tarsky, Der Wahrheitsbegriff in den formalisierten Sprachen (1936), in: K. Berka und L. Kreiser (Hrsg.), Logik-Texte, Akademie-Verlag, Berlin 1971, S. 447 ff.; T. Grundmann, Philosophische Wahrheitstheorien, Reclam, Stuttgart 2018; D. Davidson, Wahrheit und Interpretation, übers. von J. Schulte, 3. Aufl., Suhrkamp, Frankfurt am Main 1999; O. Weinberger, Rechtslogik, 2. Aufl., Duncker & Humblot, Berlin 1989, 72 ff.

[28] Vgl. L. Wittgenstein., Tagebücher 31.10.1914; Vorlesungen, Reihe A (1930) II, Reihe B (1930) V.

Ein Sachverhalt ist denkbar, wenn wir uns ein Bild von der Sachlage machen können; uns vorstellen können, dass es sich (möglicherweise) *so* (realiter) verhält.[29] Der Satz artikuliert den Gedanken: Das sinnlich wahrnehmbare Zeichen des Satzes, ein Laut- oder etwa (auch) Schriftzeichen, dient der Projektion der angedachten Sachlage.[30] Das Satzzeichen bedarf der Deutung, doch die Regeln der Interpretation sind darin *nicht* enthalten.[31] Die Projektionsregel wird durch das Projizieren; eine Intention durch das *aufgezeigte* Intendieren zum Ausdruck gebracht.[32]

---

[29] Vgl. L. Wittgenstein, Tractatus 3 bis 3.05 und 4.2; Tagebücher 1.11. und 11.11. sowie 12.11. 1914; Vorlesungen, Reihe A (1930) III und V; A. Kenny, Wittgensteins frühe Philosophie der psychologischen Begriffe, in: Schulte, Texte zum Tractatus (1989), S. 155 bis 164 (159 f.).
[30] Vgl. L. Wittgenstein, Tractatus 3.1 bis 3.1432; Tagebücher 29.1.1915; Vorlesungen, Reihe B (1930) I.
[31] Vgl. L. Wittgenstein, Vorlesungen, Reihe B (1930) I & Ostertrimester 1931.
[32] Vgl. L. Wittgenstein, Vorlesungen, Reihe B (1930) III, V und VII; Reihe C (1931/32) II; Philosophische Untersuchungen, § 337; J. Schulte, „Es regnet, aber ich glaube es nicht.", in: E. Savigny und O.R. Scholz (Hrsg.), Wittgenstein über die Seele, 3. Auflage, Suhrkamp, Frankfurt am Main 2016, S. 201 f.; E. Anscombe, Natürliche Tatsachen, in: Analytische Handlungstheorie, Band 1: Handlungsbeschreibungen, hrsg. von G. Meggle, Suhrkamp, Frankfurt am Main 1977, S. 163 bis 168.

Einfache (Ur-)Zeichen des (analysierten, zerlegten) Satzes heißen: Namen, und bezeichnen das (so benannte) Objekt, das sie darin vertreten: Der Satz kann zwar beschreiben, *wie* etwas ist, nicht aber *was* es ist: Wir können *von* Dingen sprechen, *sie* aber nicht aussprechen.[33] An ihren Grund gelangen wir nicht.[34]

Ein (legal-)definiertes Zeichen bezeichnet *über* die Zeichen, durch die es definiert (regelrecht übersetzt) ist, und was darin nicht zum Ausdruck kommt, das zeigt (dann) ihre Anwendung, die *beispielhafte* Erläuterung.[35] Kein Satz sagt etwas über sich selbst aus, weil das Satzzeichen nicht in sich selbst enthalten sein kann.[36]

Was für seinen Sinngehalt wesentlich ist, ihn charakterisiert, ist sein (konstanter) Ausdruck, der durch eine (Satz-)Variable darstellbar ist, deren Werte alle Sätze sind, die ihn enthalten.[37] Den Satz *können* wir als Funktion der Ausdrücke auffassen, die er enthält.[38]

---

[33] Vgl. L. Wittgenstein, Tractatus 3.2 bis 3.26, 4.0312; Tagebücher 4.11.1914 und 27.5.1915; Vorlesungen, Miszellen, S. 133; H. Ishiguro in: Schulte, Texte zum Tractatus (1989), 123 f. und 129; J.S. Mill, A System of Logic, J.W. Parker, London 1843, Band I, Kap. 2, §§ 1 bis 5; S. Kripke, Naming an Necessity, in: D. Davidson und G. Hartmann (Hrsg.), Semantics of Natural Language, D. Reidel, 2. Auflage, Dordrecht und Boston 1972, S. 253 bis 355.

[34] Vgl. L. Wittgenstein, Vorlesungen, Reihe B (1930) IV; P. Baumann, Erkenntnistheorie, Metzler, Stuttgart 2002.

[35] Vgl. L. Wittgenstein, Vorlesungen, Reihe B (1930) VI; Philosophische Untersuchungen, §§ 28 f., 71 und 133; Tagebücher 9.5.1915; H. Ishiguro in: Schulte, Texte zum Tractatus, S. 107; G.E.M. Anscombe, An Introduction to Wittgenstein's Tractatus, Hutchinson, London 1959, S. 28; J. Rödig, Schriften zur juristischen Logik, Springer, Berlin, Heidelberg und New York 1980, S. 307 bis 321 und 323 bis 327.

[36] Vgl. L. Wittgenstein, Tractatus 3.332.

[37] Vgl. L. Wittgenstein, Tractatus 3.31 bis 3.317 und 4.34.

[38] Vgl. L. Wittgenstein, Tractatus 3.318: O. Weinberger, Rechtslogik[2] (1989), S. 86 ff.

Nur im Satz hat der Name und hat der Ausdruck Bedeutung (Objektbezug, Funktion); ein (Laut- oder Schrift-)Zeichen, das nicht gebraucht wird, ist bedeutungslos.[39] Die Bedeutung eines Wortes ist sein Gebrauch in der Sprachgemeinschaft.[40] Beim Gebrauch des Wortes lege ich mich auf eine Verwendungsregel fest; nur im grammatischen System, im System der Sätze, hat das Wort Bedeutung.[41] Dieselben Worte symbolisieren oft nicht dasselbe.[42] Wir lernen etwas zu verstehen, indem uns Symbole (Ideen, nicht Fakten) erklärt werden.[43] Haben wir das Gefühl, eine Bedeutung sei selbsterklärend, so sprechen wir zuweilen nicht von diskursivem, sondern von intuitivem Verstehen.[44]

---

[39] Vgl. L. Wittgenstein, Tractatus 3.3, 3.314 und 3.328; Vorlesungen, Reihe A (1930) 1, S. 24; Philosophische Untersuchungen, §§ 10 f., 20, 39, 40, 43; H. Ishiguro in: Schulte, Texte zum Tractatus (1989), S. 96 bis 135; G. Frege, Über Sinn und Bedeutung, in: Funktion, Begriff, Bedeutung, Vanderhoeck und Ruprecht, Göttingen 1994, S. 40 bis 65; P.F. Strawson, Einzelding und logisches Subjekt, Ein Beitrag zur deskriptiven Metaphysik, übers. von F. Scholz, Reclam, Stuttgart 1972, S. 7 bis 17.
[40] Vgl. L. Wittgenstein, Vorlesungen, Das Gelbe Buch (1933/34), S. 201 ff.; Philosophische Untersuchungen, § 43.
[41] Vgl. L. Wittgenstein, Vorlesungen, Reihe B (1930) III und V; G.F.W. Hegel, Phänomenologie des Geistes, hrsg. von J. Hoffmeister, Nachdruck: Hamburg, 6. Auflage: 1952, S. 21; W.v.O. Quine, Two Dogmas of Empiricism (1951), in: Quine: From a Logical Point of View, 2. Auflage, Nachdruck, Harper & Row, New York, §§ 5 f.; W.v.O. Quine, Wort und Gegenstand, übers. von J. Schulte und D. Birnbacher, Reclam, Stuttgart 1980.
[42] Vgl. L. Wittgenstein, Tractatus 3.32 bis 3.331.
[43] Vgl. L. Wittgenstein, Vorlesungen, Reihe B (1931) VIII; J. Locke, Versuch über den menschlichen Verstand, übers. von C. Winckler, Meiner, Hamburg 2000, Buch III.
[44] Vgl. L. Wittgenstein, Vorlesungen, Philosophie (1932/33) S. 182; T. Weiss, Meinen, ein Erlebnis der besonderen Art, in: E.v. Savigny und O.R. Scholz (Hrsg.), Wittgenstein über die Seele, 3. Auflage, Suhrkamp, Frankfurt am Main 2016, S. 57 ff.

Das Symbol ist all das, was für die Bedeutung des Zeichens wesentlich ist: Man kann abklären, ob wir es (miss-)verstanden haben, indem man *schaut*, ob wir es richtig übersetzen (oder umsetzen), in andere Symbole oder in eine Handlung.[45]

Die (sprachliche) Regel, die in unserer Intention enthalten ist, nimmt dem Symbolismus das Willkürliche, denn sie ist der Maßstab, woran wir Handlungen messen; Regeln zur Deutung schränken das Bedeutungsfeld (Begriff) im Symbolismus ein.[46] Dieses ist für gewöhnlich nicht fest begrenzt, doch ist auch ein vager Begriff (als Muster, Schema) brauchbar, denn ein Satz mag *vieles* offen lassen, doch muss er *etwas* besagen, und: wir können für besondere Zwecke (durch Begriffs*bestimmung*) auch Grenzen *ziehen*.[47]

---

[45] Vgl. L. Wittgenstein, Vorlesungen, Reihe B (1930) I, II und III; B (1931) X; Philosophische Untersuchungen, §§ 90 und 208.

[46] Vgl. L. Wittgenstein, Vorlesungen, Reihe B (1930) VII; 2. und 6. Vorlesung im III. Teil (1934/35); Carnap, Bedeutung und Notwendigkeit, Springer, Wien 1972, § 4; P. Lorenzen, Methodisches Denken, Suhrkamp, Frankfurt am Main 1968, S. 35 f.

[47] Vgl. L. Wittgenstein, Philosophische Untersuchungen, §§ 68 bis 79, 84 und 98 f.; S. Strömholm, Allgemeine Rechtslehre, Eine Einführung, Vandenhoeck & Ruprecht, Göttingen 1976, Drittes Kapitel; A. Augustinus, Bekenntnisse, übers. von K. Flasch und B. Mojsisch, Reclam, Stuttgart 2009, Elftes Buch.

Der Beweis einer Aussage zeigt, *dass* es so ist; in der Logik ist indes jeder Satz die Form (s)eines Beweises.[48] Die Wahrheit *zeigt* sich, sofern klar ist, *wie* sie sich zeigt (Kriterium).[49] Wir haben *diverse* Kriterien der Verifikation oder der Falsifikation.[50] Der Standard für die *akzeptable* Begründung ist (epistemisch) kontextabhängig.[51]

Der Satzgehalt *zeigt*, wie es sich verhält, *wenn* er wahr ist; was der Satz *besagt*, das ist der Gedanke, der dem Satzzeichen zugrunde liegt, sein Sinn: eine Aussage oder eine Frage, ein rationales Urteil oder (auch) ein emotionaler Wert.[52]

---

[48] Vgl. L. Wittgenstein, Tractatus 6.1264 bis 6.1271; Aufzeichnungen, die G.E. Moore in Norwegen nach Diktat niedergeschrieben hat, in: Werkausgabe 1[22] (2016), S. 210 f.

[49] Vgl. L. Wittgenstein, Tagebücher 1.11.1914; Vorlesungen, Reihe B (1930) III und VII.

[50] Vgl. L. Wittgenstein, Vorlesungen, Reihe C (1931/32) IV (S. 95 f.); W.P. Alston, A Realist Conception of Truth, Cornell University Press, Ithaca und London 1996, Kap. 4 (S. 103 ff).

[51] Vgl. W. Detel, Erkenntnis- und Wissenschaftstheorie, Reclam, Stuttgart 2008, S. 72 bis 81; R.B. Brandom, Begründen und Begreifen, Eine Einführung in den Inferentialismus, übers. von E. Gilmer, Suhrkamp, Frankfurt am Main 2001, Kapitel 5.

[52] Vgl. L. Wittgenstein, Tractatus 3.5, 4, 4.022 und 4.024; Tagebücher 21.10. und 24.10.1914; Aufzeichnungen über Logik, in: Werkausgabe 1[22] (2016), S. 195, Zweites Manuskript; Vorlesungen, Reihe B (1930) I und VI; Vorlesungen, Teil III (1934/35), 13. Vorlesung; Philosophische Untersuchungen, § 23; G. Frege, Der Gedanke, in: Beiträge zur Philosophie des deutschen Idealismus 1 (1918/19), S. 58 bis 77, abgedruckt in: G. Frege: Logische Untersuchungen (1966), hrsg. von G. Patzig, 2. Auflage, Göttingen 1976; Vgl. H. Kelsen, Was ist Gerechtigkeit? (1953), Nachdruck: Stuttgart 2010 bei Reclam, Kapitel I.5 und II.6; Weinberger, Rechtslogik[2] (1989), S. 315 f.; K. Opałek, Überlegungen zu Hans Kelsens „Allgemeiner Theorie der Normen", Manz, Wien 1980, S. 24 bis 29.

Widersprechen zwei Sätze einander (Unvorstellbarkeit) oder folgt der eine Satz aus dem anderen, so sehen wir das an ihrer Struktur.[53] Wir können sichtlich *auch* aus Sätzen mit falschem Inhalt (gültige) *Schlüsse ziehen*.[54] Zwischen (Rechts-)Begriffen kann es ebenso wenig einen Wider*spruch* geben, wie zwischen Begriffen und (Rechts-)Verhältnissen.[55] Die Rechtssätze haben *keine* einheitliche Struktur.[56]

Die Gesamtheit der Sätze, oder: der sinnvollen Satzzeichen, ist die Sprache.[57] Der Satz ist die Grundeinheit der Sprache und ein Modell der Wirklichkeit *so*, wie *wir* sie uns denken; ihn zu verstehen, heißt: den zum Ausdruck gebrachten Sinngehalt zu erfassen.[58] Satz*analyse* kann klärend wirken, doch *kann* dem analysierten Satz auch ein Aspekt (der Sache) verloren gehen; vieles bedarf *keiner* (logischen) Analyse, denn sie macht einen Satz nicht *un*bedingt verständlicher.[59]

---

[53] Vgl. L. Wittgenstein, Tractatus 4.1211 wie auch 6.12; Vorlesungen, Reihe B (1931) XIII; E. Tugendhat und U. Wolf, Logisch-semantische Propädeutik, Reclam, Stuttgart 2010, S. 64, 208 f.; P.F. Strawson, Introduction to Logical Theory, Methuen, London 1952, Kap. 1, §§ 1 bis 8.

[54] Vgl. L. Wittgenstein, Tractatus 4.023; Tagebücher 20.10.1914; W. Salmon, Logik, übers. von J. Buhl, Reclam, Stuttgart 2009, Erstes Kapitel.

[55] Vgl. J. Rödig, Schriften zur juristischen Logik (1980), S. 59 f. und 79 ff.; R. Brandt, Philosophie, Reclam, Stuttgart 2003, Erster Teil, Kapitel 1.

[56] Vgl. T. Vesting, Rechtstheorie, C.H. Beck, München 2007, Rz. 37; J. Rödig, Schriften zur juristischen Logik, S. 199; O. Weinberger, Rechtslogik[2] (1989), S. 225 ff.; G. Kucsko-Stadlmayer, Rechtsnormbegriff und Arten von Rechtsnormen, in: R. Walter (Hrsg.), Schwerpunkte der Reinen Rechtslehre, Manz, Wien 1992, S. 21 bis 36.

[57] Vgl. L. Wittgenstein, Tractatus 4.001; Vorlesungen, Reihe A (1930) 1, S. 23; A. Kenny in: Schulte, Texte zum Tractatus (1989), S. 158 f.

[58] Vgl. L. Wittgenstein, Tractatus 4.016 bis 4.021 wie auch 4.023 bis 4.0312; Tagebücher 27.10.1914; Aufzeichnungen über Logik, Drittes Manuskript; Vorlesungen, Reihe B (1931) XIV, und Miszellen, S. 138.

[59] Vgl. L. Wittgenstein, Philosophische Untersuchungen §§ 60 und 63 f.

(Er-)Klärung des Sprachgebrauches kann Missverständnisse beseitigen, die nahe liegend sind; Verständnis vermitteln, nicht aber das Verstehen lehren – wir *können* unsere Sprache nicht *insgesamt* missverstehen; sie ist fest in *unserer* Lebenspraxis verankert.[60]

Mit den Sätzen verständigen wir uns; Satzzeichen vermitteln (mit alten Ausdrücken) ein (neues) logisches Bild, sinnhaften Inhalt: gehaltvollen Sinn.[61]

---

[60] Vgl. L. Wittgenstein, Vorlesungen, Reihe B (1931) X; Philosophische Untersuchungen, §§ 5 f., 7, 23 und 87; P.F. Strawson, Introduction to Logical Theory, S. 245; W.V.O. Quine, Necessary Truths, in: Quine: The Ways of Paradox, Random, New York 1966, S. 48 bis 56.
[61] Vgl. L. Wittgenstein, Tractatus 4.026 bis 4.03; Tagebücher 27.9., 29.9., 2.10. und 5.10. 1914; Vorlesungen, Reihe A (1930) 1, S. 23.

Ein *Elementar*satz *stellt* als ein einfacher Satz ohne Teilsätze einen elementaren Sachverhalt *dar*, das ist: *eine* Sachlage als Satz*gehalt*, der im *sinn*vollen Satz (als eine atomare Tatsache) behauptet sein *könnte*.[62] Der Elementarsatz selbst *behauptet nichts*, weshalb er keinem Elementarsatz widersprechen kann, der eine *andere* Sachlage beschriebt, obwohl sie einander: falls sie wahr wären, ausschließen würden.[63] Der Satz besteht aus solchen *Ur*bildern, die auf die Welt projiziert sind.[64]

Ist mit einem Satz die Wahrheit *aus*gesagt, so besteht der *behauptete* Sachverhalt; ist er falsch, so besteht er nicht.[65] Die Wahrheitsmöglichkeiten einfacher Sätze sind *die* Bedingungen der Wahrheit bzw. Falschheit komplexer Sätze, weshalb wir den Gehalt von Sätzen, ungeachtet dessen, ob ihr Sinn darin besteht, den umrissenen Sachverhalt zu behaupten, danach zu fragen, (sachlich) darüber zu urteilen oder ihn (persönlich) zu bewerten, als Wahrheitsfunktionen der Elementarsätze sehen können, welche ihre Wahrheitsargumente bilden.[66]

---

[62] Vgl. L. Wittgenstein, Tractatus 4.21 bis 4.24, 5.55, 5.557 und 5.5571; P.M. Simons in: Schulte, Texte zum Tractatus (1989), S. 89; H. Ishiguro in: Schulte, Texte zum Tractatus, S. 118.

[63] Vgl. L. Wittgenstein, Tractatus 4.211, 5.135; Bemerkungen über logische Form, in: J. Schulte (Hrsg.), L. Wittgenstein: Vortrag über Ethik und andere kleine Schriften, 6. Auflage, Suhrkamp, Frankfurt am Main 2012, S. 25; P. Hoyningen-Huene, Formale Logik, Eine philosophische Einführung, Reclam, Stuttgart 2018, S. 28 ff.; J. Habermas, Vorstudien und Ergänzungen zur Theorie des kommunikativen Handelns, Suhrkamp, Frankfurt am Main 1995, S. 104 bis 126.

[64] Vgl. L. Wittgenstein, Tagebücher 12.11. und 24.11.1914.

[65] Vgl. L. Wittgenstein, Tractatus 4.25, 4.26; Vorlesungen, Reihe B (1930) I; T. Grundmann, Philosophische Wahrheitstheorien (2018) 14 ff.; M. Williams, Unnatural Doubts, Princeton University Press 1996, S. 225 ff.

[66] Vgl. L. Wittgenstein, Tractatus 4.41, 5 und 5.01; derselbe, Aufzeichnungen über Logik (1913), in: Werkausgabe 1, 22. Auflage, Frankfurt am Main 2016, S. 188 und 202, Zusammenfassung und Viertes Manuskript; Vorlesungen, Philosophie (1932/33) S. 160; Bemerkungen über logische Form, S. 20.

Die Wahrheitsfunktionen lassen sich (übersichtlich) ordnen: *Solche* Wahrheitsmöglichkeiten der Wahrheitsargumente eines Satzes, welche ihn bewahrheiten, sind seine Wahrheitsgründe; dass die Wahrheit eines Satzes, genauer: des Satzgehalts, aus der Wahrheit anderer Sätze folgt, ist ihren Wahrheits*gründen* zu entnehmen, sonach a priori: der Struktur des Satzgehalts.[67] Schlussendlich haben wir Resultate von Wahrheits*operationen* mit Elementarsätzen vor uns.[68]

Die *Zahl* ist der Exponent einer Operation: Der Begriff der Zahl ist das, was die Zahlen gemeinsam haben, ihre allgemeine Form; der Zahlbegriff ist die variable Zahl.[69] Das Unendliche ist aber *keine* Zahl; Unendlichkeit ist (eher) die Eigenschaft eines Gesetzes, nicht die einer Extension: Die Möglichkeit, Sätze zu konstruieren, ist unendlich; die Grammatik ist der Ausdruck des Möglichen.[70] Keine Beschreibung der Welt kann ihre Regeln rechtfertigen, doch *diese* rechtfertigen den Sprachgebrauch, denn obzwar *sie* willkürlich sind, ist es ihre Anwendung *nicht*; die (Tiefen-)Grammatik (Sprachlogik) umgrenzt die Sprache.[71]

---

[67] Vgl. L. Wittgenstein, Tractatus 5.1 bis 5.133.
[68] Vgl. L. Wittgenstein, Tractatus 5.2 bis 5.452; Tagebücher 24.1.1915, 22.11. und 23.11. 1916; Vorlesungen, Philosophie (1932/33) S. 157 f.
[69] Vgl. L. Wittgenstein, Tractatus 6.021, 6.022 und 6.03.
[70] Vgl. L. Wittgenstein, Vorlesungen, Reihe A (1930) VII und VIII, und Reihe C (1931/32) X und XXII.
[71] Vgl. L. Wittgenstein, Vorlesungen, Reihe B (1931) VIII, X, XI und XV.

Der Satz kann die gesamte Wirklichkeit darstellen, nur nicht die logische Form, die er mit ihr gemein haben muss, um sie darstellen zu können.[72] Die logische Form ist zahl*los*, weshalb kein philosophischer Monismus oder Dualismus denkbar ist.[73]

Die Anzahl der Wahrheitsgründe eines Satzes, die zugleich solche eines anderen Satzes sind, ist für die Angabe des Maßes an *Wahrscheinlichkeit* entscheidend, die er ihm gibt; haben sie keinerlei Wahrheitsargument gemein, so sind sie voneinander unabhängig.[74] Der Wahrscheinlichkeitssatz ist wie ein Auszug aus anderen Sätzen, der in Anbetracht der Umstände, die nicht (näher) bekannt sind, eine Verallgemeinerung enthält; bloß in Ermangelung von (situativer) Gewissheit, greifen wir auf die Wahrscheinlichkeit zurück.[75]

[72] Vgl. L. Wittgenstein, Tractatus 4.12 und 1.121.
[73] Vgl. L. Wittgenstein, Tractatus 4.128, 5.453 und 5.454.
[74] Vgl. L. Wittgenstein, Tractatus 5.1 und 5.15. bis 5.154.
[75] Vgl. L. Wittgenstein, Tractatus 5.155 und 5.156; Tagebücher 8.11.1914; D. Hume, Eine Untersuchung über den menschlichen Verstand, Sechster Abschnitt.

Die Welt lässt sich vollständig durch verallgemeinerte Sätze beschreiben, ohne einzelnen Objekten Namen zuzuordnen; die Zuordnung kann *auf* Existenzaussagen folgen.[76] Folgt ein Satz *aus* einem anderen, so ist dieser gehaltvoller als jener: jener beinhaltet weniger.[77] Folgerichtigkeit ist im Rechtsdenken *auch* von Nöten, um Wertungswidersprüche hintanzuhalten.[78]

---

[76] Vgl. L. Wittgenstein, Tractatus 5.526, 5.521 bis 5.5261 und 5.54 bis 5.542; Tagebücher 17.10. und 19.10. 1914; H. Ishiguro in: Schulte, Texte zum Tractatus (1989), S. 126.

[77] Vgl. L. Wittgenstein, Tractatus 5.14 und 5.141; Tagebücher 11.6.1915; Vorlesungen, Reihe A (1930) X.

[78] Vgl. I. Tammelo, Rechtslogik und materiale Gerechtigkeit, hrsg. als Band 10 der Studien und Texte zur Theorie und Methodologie des Rechts von J. Esser, Athenäum, Frankfurt am Main 1971, Vorwort; D. Hume, Eine Untersuchung über den menschlichen Verstand, Dritter Abschnitt; J. Esser, Vorverständnis und Methodenwahl in der Rechtsfindung, Athenäum Fischer, Frankfurt am Main 1972, S. 108; L. Wittgenstein, Philosophische Untersuchungen, § 61; F. Kutschera, Einführung in die Logik der Normen, Werte und Entscheidungen, Karl Alber, Freiburg und München 1973, S. 28 ff.

Tauotologie und Kontradiktion bilden die Wirklichkeit nicht ab; sie sind gehaltlos (inhaltsleer), stellen also keine mögliche Sachlage dar, zumal jene *jede* Sachlage zulässt, diese *keine*.[79] Alle Sätze der Logik sind analytisch; gehaltlos.[80] Die Sätze der Logik sind Sätze der Mathematik.[81] Die Rechtslogik *ist* Logik.[82]

Das Wesen des Satzes, also: *die* logische Konstante, die alle Sätze (ihrer Natur nach) mit einander gemein haben, ist die allgemeine Form des Satzes; ihre Form anzugeben, heißt: das Wesen der Sprache anzugeben.[83] Dieses bildet das Wesen der Welt ab.[84] Was *ihr* wesentlich ist, das lässt sich nicht über sie *aus*sagen: jede Behauptung ließe sich negieren (bestreiten).[85]

---

[79] Vgl. L. Wittgenstein, Tractatus 4.46 bis 4.4661 und 5.143; Tagebücher 3.10. und 14.10. 1914; S. Hobuß, Unbeschreibliche Gefühle, in: E. Savigny und O.R. Scholz (Hrsg.), Wittgenstein über die Seele, 3. Auflage, Suhrkamp, Frankfurt am Main 2016, S. 144 f.

[80] Vgl. L. Wittgenstein, Tractatus 5.43, 6.1 bis 6.123; Tagebücher 20.10.1914; G.W. Leibniz, Monadologie, hrsg. von H. Herring, Hamburg 1956, § 33; J. Pfister, Werkzeuge des Philosophierens, Reclam, Stuttgart 2013, S. 170 ff.

[81] Vgl. L. Wittgenstein, Tractatus 6.2 bis 6.241; Tagebücher 24.4.1915; sowie Teil IV (1932/33) seiner Vorlesungen: Philosophie für Mathematiker (S. 415); F. v. Kutschera und A. Breitkopf, Einführung in die moderne Logik, 9. Auflage, Alber, Freiburg und München 2014; P. Hoyningen-Huene, Formale Logik, S. 238 ff.

[82] Vgl. J. Rödig, Die Denkform der Alternative in der Jurisprudenz, Springer, Berlin und Heidelberg 1969, § 21; derselbe, Schriften zur juristischen Logik (1980), S. 41 f., 159 ff., 169 ff, 185 ff., 195 und 295; M. Schmidt, Kelsens Lehre und die Normenlogik, in: R. Walter (Hrsg.), Schwerpunkte der Reinen Rechtslehre, Manz, Wien 1992, S. 87 bis 96.

[83] Vgl. L. Wittgenstein, Tractatus 5.47 bis 5.472; Tagebücher 22.1. und 5.5. 1915; Philosophische Untersuchungen, §§ 65 ff.

[84] Vgl. L. Wittgenstein, Philosophische Untersuchungen, § 371.

[85] Vgl. L. Wittgenstein, Vorlesungen, Reihe B (1930) IV.

Die allgemeine Satzform lautet: *so und so verhält es sich*: sage (behaupte) ich, frage ich, urteile ich (ordne es ein) oder ich bewerte es *auch* (besetze es mit Emotionen).[86] Bewertung (Werturteil) ist: Wertzuordnung (Wertverhalt) zum Sachverhalt (Wertgehalt).[87]

---

[86] Vgl. L. Wittgenstein, Tractatus 4.5 und 6; Aufzeichnungen über Logik, S. 207, Viertes Manuskript; Vorlesungen, Reihe A (1930) 1, S. 24, Philosophie (1932/33) S. 170; Philosophische Untersuchungen, §§ 112 bis 115 und 134.

[87] Vgl. J. Rödig, Schriften zur juristischen Logik, S. 8 f.; L. Elay, Rechtsgefühl und materiale Wertethik, in: E. Lampe (Hrsg.), Das sogenannte Rechtsgefühl, Westdeutscher Verlag, Opladen 1985, S. 136 bis 157 (136 f.).

Der Inbegriff der wahren Sätze begreift alle Wissenschaften in sich, nur nicht die Philosophie; sie ist Wissenschaft*lichkeit*;[88] keine Lehre, sondern die Tätigkeit der Klärung der Gedanken; die Ordnung der Begriffe, Aufräumarbeit.[89] Die Lösungen ihrer Rätsel (Verwirrung) sollten *möglichst* einfach sein, denn *sie* ist es, die den Standard der Einfachheit setzt (Ockhams Devise).[90]

---

[88] Vgl. L. Wittgenstein, Tractatus 4.11; Aufzeichnungen über Logik, Viertes Manuskript; Vermischte Bemerkungen (2017), S. 489; K. Lambert und G. Brittan, Eine Einführung in die Wissenschaftsphilosophie, übers. von Schulte, de Gruyter, Berlin 1991; C. Hempel, Aspekte wissenschaftlicher Erklärung, übers. von Lenzen, de Gruyter, Berlin 1977; W. Detel, Erkenntnis- und Wissenschaftstheorie, S. 89 bis 142; K. Popper, Logik der Forschung, 10. Aufl., Mohr Siebeck, Tübingen 2002; derselbe, Philosophie des Sozialen, Reclam, Stuttgart 2013, S. 103 bis 152; Aristoteles, Metaphysik, Schriften zur Ersten Philosophie, übers. von F.F. Schwarz, Reclam, Stuttgart 2013; P. Feyerabend, Erkenntnis für freie Menschen, Suhrkamp, Frankfurt am Main 1992, S. 97 ff.
[89] Vgl. L. Wittgenstein, Tractatus 4.112; Vorlesungen, Reihe B (1930) II, sowie: Philosophie (1932/33) S. 180; Philosophische Untersuchungen, §§ 89 f., 92, 109; P.M. Simons in: Schulte, Texte zum Tractatus (1989), S. 83 ff.; J. Pfister, Philosophie, Reclam, Stuttgart 2013, S. 17 bis 22 und 26 bis 29.
[90] Vgl. L. Wittgenstein, Tractatus 5.4541 und 5.47, 5.473 bis 5.47321; Tagebücher 5.3.und 23.4. 1915; Philosophische Untersuchungen, § 97; B. Russel, Probleme der Philosophie, 25. Aufl., Suhrkamp, Frankfurt/Main 2014.

Die Psychologie ist der Philosophie nicht näher als etwa die Physik, denn es geht ihr hier wie dort um die Methoden, ihren Denkstil; Philosophie des Geistes ist Klärung psychologischer *Begriffe*.[91] Was die Psychoanalyse über das Unbewusste lehrt, das lässt sich als ein *Mittel der Darstellung* geistiger Vorgänge begreifen, die annehmbar sein *kann*, aber nicht muss.[92] Was die Rechts*theorie* über Recht lehrt, über die Eigenart (Struktur) des *positiven* Rechts, das kann für die Rechts*praxis* akzeptabel sein, muss aber nicht.[93]

---

[91] Vgl. L. Wittgenstein, Tractatus 4.1121; Aufzeichnungen über Logik, Viertes Manuskript; Vorlesungen, Reihe B (1930) V, Reihe C (1931/32) XX, wie auch: Philosophie (1932/33) S. 178; A. Kenny in: Schulte, Texte zum Tractatus (1989), S. 155 bis 164; A. Kenny, Wittgenstein, Allen Lane The Penguin Press, London 1973, S. 101; A. Newen, Philosophie des Geistes, C.H. Beck, München 2013.

[92] Vgl. L. Wittgenstein, Vorlesungen, Philosophie (1932/33) S. 197 f.; H. Glock, Innen und Außen: „Eine ganze Wolke von Philosophie kondensiert zu einem Tröpfchen Sprachlehre", in: E. Savigny und O.R. Scholz (Hrsg.), Wittgenstein über die Seele, 3. Auflage, Suhrkamp, Frankfurt am Main 2016, S. 233 ff.; R. Rorty, Solidarität oder Objektivität, übers. von J. Schulte, Reclam, Stuttgart 2013, S. 42 f.; J. Derrida, Einige Statements und Binsenweisheiten über Neulogismen, New-Ismen, Post-Ismen, Parasitismen und andere kleine Seismen, übers. von S. Lüdemann, Merve, Berlin 1997, S. 48 bis 59.

[93] Vgl. M. Potacs, Rechtstheorie, Facultas, Wien 2015, S. 15 ff.; R. Walter, Rechtstheorie und Erkenntnislehre gegen Reine Rechtslehre? Manz, Wien 1990; W. Ott, Die Reine Rechtslehre als rechtspositivistische Theorie, in: R. Walter, C. Jabloner und K. Zeleny (Hrsg.), 30 Jahre Hans-Kelsen-Institut, Manz, Wien 2003, S. 13 bis 30; H. Kelsen, Reine Rechtslehre, 2. Aufl. (1960), Nachdruck im Verlag Österreich, Wien 2000; H. Honsell und T. Mayer-Maly, Rechtswissenschaft, 6. Auflage, Berlin und Heidelberg 2015.

Die *Rechts*philosophie ist vornehmlich das *Nach*denken über den Rechtsbegriff.[94] Die Erläuterung des *Gottes*begriffes ist die Summe *der* Theologie, die philosophisch agiert.[95] Philosophie grenzt das *Un*denkbare ab, indem sie das Sagbare klarstellt, auf dem Boden der Sprache des Alltages; *derart* begrenzt sie das bestreitbare Gebiet der Wissenschaft.[96] Das *Denken* ist ein symbolhafter Vorgang, eine Tätigkeit, die durch ihren Ausdruck vollzogen wird, der *offen* (sprachlich) vor uns liegt.[97]

---

[94] Vgl. T. Mayer-Maly, Rechtsphilosophie, Wien 2015, Verl. Österr., Vorwort.
[95] Vgl. L. Wittgenstein, Vorlesungen, Philosophie (1932/33) S. 187; H. Tetens, Gott denken, Ein Versuch über rationale Theologie, Reclam, Stuttgart 2015; A. v. Canterbury, Proslogion, Anrede, übers. von R. Theis, Reclam, Stuttgart 2005, Kapitel 2; G.W. Leibniz, Die Theodizee von der Güte Gottes, der Freiheit des Menschen und dem Umgang mit Ursprung des Übels, in: Sämtliche Schriften und Briefe, Akademie Verlag, Darmstadt 1985, Bd. II 1,2; B. Pascal, Gedanken: Über Religion und einige andere Themen, übers. von U. Kunzmann, Reclam, Stuttgart 2004, J.L. Mackie, Das Wunder des Theismus, Argumente für und wider die Existenz Gottes, übers. von R. Ginters, Reclam, Stuttgart 1985; Echnaton, Sonnenhymnen, übers. von C. Bayer, Reclam, Stuttgart 2012; Al-Farabi, Die Prinzipien der Ansichten der Bewohner der vortrefflichen Stadt, übers. von C. Ferrari, Reclam, Stuttgart 2009, Kapitel I; M.T. Cicero, Über das Wesen der Götter, übers. von U. Blank-Sangmeister, Reclam, Stuttgart 2011; Platon, Timaios, übers. von T. Paulsen und R. Rehn, Reclam, Stuttgart 2013; K. Flasch (Hrsg.), Was ist Gott? Das Buch der 24 Philosophen, C.H.Beck, 3. Aufl., München 2013; Averroes, Die entscheidende Abhandlung, übers. von P.O. Schaerer, Reclam, Stuttgart 2010.
[96] Vgl. L. Wittgenstein, Tractatus 4.0031, 4.113 bis 4.115, 5.61; Tagebücher, Eintrag vom 26.4.1916; Vorlesungen, Reihe A (1930) 1, S. 23; Philosophische Untersuchungen, §§ 116, 120, 122; N. Malcolm, Sprache und Gegenstände, in: J. Schulte (Hrsg.), Texte zum Tractatus, S. 136 bis 154 (137 f.).
[97] Vgl. L. Wittgenstein, Vorlesungen, Reihe B (1930) II, (1931) VIII; derselbe, Vorlesungen über Ästhetik, in: Vorlesungen und Gespräche, 3. Auflage, hrsg. von C. Barrett, Fischer, Frankfurt am Main 2005, S. 45; R. Brandt, Philosophie (2003), Erster Teil, Kap. 5, S. 155; D. Davidson, Der Mythos des Subjektiven, hrsg. von J. Schulte, Reclam, Stuttgart 2007, S. 13; M. Heidegger, Was heißt Denken? Vorlesung Wintersemester 1951/52, Nachwort von Hüni, Reclam, Stuttgart 2013.

Alles, was gedacht werden kann, kann *klar* gedacht werden; was sich überhaupt sagen lässt, das lässt sich klar sagen; was *gemeint* ist, das lässt sich klären, auch ohne *eine* Vorstellung von Klarheit (Genauigkeit).[98]

Was *sich* in der Sprache (Grammatik) ausdrückt, können *wir* nicht durch die Sprache zum Ausdruck bringen; wir können es zwar nicht *sagen*, doch es *zeigt* sich: Die Logik erweist sich als Gerüst der Welt, das sich in der Sprache spiegelt.[99]

---

[98] Vgl. L. Wittgenstein, Tractatus 4.116; Tagebücher 20.6. und 22.6. 1915; Philosophische Untersuchungen, §§ 88, 133; D. Davidson, What is Present in the Mind? in: J. Brandl und W. Gombocz (Hrsg.), The Mind of D. Davidson, Rodopi, Amsterdam 1989, S. 3 bis 18; P. Grice, Intendieren, Meinen, Bedeuten, in: G. Meggle (Hrsg.), Handlung, Kommunikation, Bedeutung, Suhrkamp, Frankfurt am Main 1993, S. 2 bis 15; H.P. Grice, Logik und Konversation, in: G. Meggle (Hrsg.), Handlung, Kommunikation, Bedeutung, Suhrkamp, Frankfurt am Main 1993, S. 245 ff.
[99] Vgl. L. Wittgenstein, Tractatus 4.121, 4.1213, 5.61, 6.124, 6.13 und 7; Tagebücher 19.4.1915; Vorlesungen, Reihe A (1930) IV und VII; W. Benjamin, Über die Sprache überhaupt und über die Sprache des Menschen, S. 11; P. Stekeler-Weithofer, Sprachphilosophie, C.H. Beck, München 2014.

2. Vortrag.

Die **Ethik** ist eine Bedingung der Welt, wie die Logik; Ethik und Ästhetik sind Eins.[100] Das (Ur-)Erlebnis des Sollens ist (wirklich) *un*bedingt; Loyalität *und* Solidarität: Welt*respekt* (Tugend).[101]

[100] Vgl. L. Wittgenstein, Tractatus 6.421; Tagebücher 24.7.1916; Vortrag über Ethik[6] (2012), S. 10 f.; G.E. Moore, Principia Ethica, Cambridge University Press, London 1903, Kap. 1; W.K. Frankena, Analytische Ethik, übers. von N. Hoerster, München 1972; R.M. Hare, Moralisches Denken: seine Ebenen, seine Methode, sein Witz, übers. von C. Fehige und G. Meggle, Suhrkamp, Frankfurt am Main 1992; P. Singer, Praktische Ethik, übers. von J. Wolf, 2. Aufl., Reclam, Stuttgart 1994; H. Pauer-Studer, Einführung in die Ethik, WUV Facultas, Wien 2003; T. Wachtendorf, Ethik als Mythologie, Sprache und Ethik bei Ludwig Wittgenstein, Paregra, Berlin 2008.

[101] Vgl. R. Laun, Rechtsgefühl und Rechtsgeltung, in: E. Lampe (Hrsg.), Das sogenannte Rechtsgefühl, Westdeutscher Verlag, Opladen 1985, S. 203 bis 209 (206); M. Lutz-Bachmann, Ethik, Reclam, Stuttgart 2017, S. 126 ff.; E. Anscombe, Moderne Moralphilosophie, übers. von Scholz, in: G. Grewendorf und G. Meggle (Hrsg.), Sprache und Ethik, Zur Entwicklung der Metaethik, Suhrkamp, Frankfurt am Main 1974, S. 217 bis 243; P. Foot, Die Wirklichkeit des Guten, Moralphilosophische Aufsätze, hrsg. von U. Wolf und A. Leist, Fischer, Frankfurt am Main 1997; H. Hendrichs, Zu möglichen Vorformen des menschlichen Rechtsgefühls bei höheren Tieren, in: E. Lampe (Hrsg.), Das sogenannte Rechtsgefühl, Westdeutscher Verlag, Opladen 1985, S. 57 bis 70; R. Rorty, Solidarität oder Objektivität, S. 29; M. Luther, Tischreden, hrsg. von K. Aland, Reclam, Stuttgart 1998, Kapitel: Obrigkeit und Staat; Bhagavadgita, Das Lied der Gottheit, übers. von R. Boxberger, hrsg. von H. v. Glasenapp, Reclam, Stuttgart 2017.

Das denkende, vorstellende Subjekt *gibt es nicht*, denn es ist *meta*physisch: Das Subjekt gehört nicht zur Welt, es ist eine Grenze der Welt.[102] Die Welt ist ethisch (ästhetisch) indifferent, nicht *so* das *wollende* Subjekt, *das* es gibt; das Ich, insofern es handelt (agiert).[103]

---

[102] Vgl. L. Wittgenstein, Tractatus 5.631 bis 5.632 und 6.423; Tagebücher 23.5.1915 sowie 20.10. und 21.7.1916; G.E. Moore, Is Existence a Predicate? (1936), in: Moore: Philosophical Papers, London 1959, S. 115 bis 126; W.V.O. Quine, On what there Is, in: Quine: From a Logical Point of View, 2. Auflage, Nachdruck, New York, S. 1 bis 19; E.K. Specht, Sprache und Sein, de Gruyter, Berlin 1967; E. Tugendhat, Existence in Space and Time, in: Neue Hefte für Philosophie 8 (1975) 14 bis 33; B. Pascal, Das Ich besteht nur in meinem Denken, hrsg. von F.J. Wetz, Reclam, Stuttgart 2017, Nr. 3 (135/469); R. Brandt, Philosophie (2003), Erster Teil, Kap. 4, S. 134 f.; I. Kant, Anthropologie in pragmatischer Hinsicht, hrsg. v. W. Becker, Reclam, Stuttgart 1983, S. 37; R. Rorty, Solidarität oder Objektivität, S. 105; Zhungzi, Das Buch der daoistischen Weisheit, übers. von S. Schuhmacher, Reclam, Stuttgart 2016, S. 37 ff.; R. Descartes, Meditationen über die Erste Philosophie, übers. von G. Schmidt, Reclam, Stuttgart 2012.

[103] Vgl. L. Wittgenstein, Tagebücher vom 2.8. und 2.9.1916; Vorlesungen, Das Gelbe Buch (1933/34), S. 222 und 225; I. Kant, Grundlegung zur Metaphysik der Sitten, Reclam, Stuttgart 2012, Erster Abschnitt; M. Lutz-Bachmann, Ethik, Reclam, Stuttgart 2017, S. 114 ff.; W. Detel, Philosophie des Sozialen, Reclam, Stuttgart 2013, S. 14 bis 38; S. Cavell, The Claim of Reason, Oxford University Press, Oxford 1979, S. 379 bis 383; F. Nietzsche, Jenseits von Gut und Böse, Vorspiel einer Philosophie der Zukunft, Nachwort von V. Gerhadt, Reclam, Stuttgart 2013; M. Heidegger, Was ist Metaphysik? 16. Aufl., Vittorio Klostermann, Frankfurt am Main 2007.

Willensfreiheit bedeutet, dass wir künftige Handlungen nicht wissen *können*.[104] *Glaube* an den Kausalnexus ist, eben*so* wie so mancher Glaube, ein Ideal *müsse* sich in der Realität finden, (bloßer) *Aber*glaube.[105]

---

[104] Vgl. L. Wittgenstein, Tractatus 5.1362; Tagebücher 27.4.1915; Vermischte Bemerkungen, S. 569; N. Hoerster, Was ist Moral? (2009), S. 98 bis 103; T. Honderich, Wie frei sind wir? Das Determinismus-Problem, Reclam, Stuttgart 1995; D. Hume, Eine Untersuchung über den menschlichen Verstand, Achter Abschnitt, Erster Teil; A. Schoppenhauer, Preisschrift über die Freiheit des Willens, in: Die beiden Grundprobleme der Ethik, Meiner, Hamburg 1978/79.
[105] Vgl. L. Wittgenstein, Tractatus 5.136 und 5.1361; Philosophische Untersuchungen, §§ 101, 110.

Der Satz, es gebe Kausalität, ist gehaltlos;[106] wir setzen sie zwar *in* der Tat voraus, doch können wir nur das voraussetzen, was wir *für* die Tat konstruieren.[107] Diese Konstruktion ist eine *vernünftige* Ordnung: Alles, was wir beurteilen, das ordnen wir zwar richtig (stimmig) oder falsch (unstimmig) ein, doch ist die Ordnung an sich, das ist: ihr Regelwerk, nicht verifizierbar oder falsifizierbar, sondern: vernünftig, objektiv oder unvernünftig, unsachlich.[108] Ob sie (auch) sach*gerecht* ist, ist eine Frage der Aus*wertung* (Abwägung) von persönlichen Anschauungen.[109]

---

[106] Vgl. L. Wittgenstein, Tractatus 6.3 bis 6.362; Tagebücher 29.3.1915; D. Damler, Rechtsästhetik (2016), S. 208.

[107] Vgl. L. Wittgenstein, Tractatus 4.51, 5.556, 5.62; Tagebücher 15.4.1916; F. Kaufmann, Rechtsgefühl, Verrechtlichung und Wandel im Recht, in: E. Lampe (Hrsg.), Das sogenannte Rechtsgefühl, Westdeutscher Verlag, Opladen 1985, S. 185 bis 202; J. Rödig, Schriften zur juristischen Logik, S. 209 bis 212; M. Foucault, Ethos der Moderne, Foucaults Kritik der Aufklärung, hrsg. von E. Erdmann, R. Forst und A. Honneth, Campus, Frankfurt/Main 1990, S. 48 ff.

[108] Vgl. L. Wittgenstein, Vorlesungen, Reihe C (1931/32) V und XIII; Das Gelbe Buch (1933/34), S. 236, sowie: Teil III (1934/35), 5. Vorlesung.

[109] Vgl. F.v. Kutschera, Einführung in die Logik der Normen, Werte und Entscheidungen, Karl Alber, Freiburg und München 1973, S. 85 f., 123, 128 ff. und 133 f.; F. Kalscheuer, Kants Theorie der Abwägung, ARSP 2013, 499; J. Haidt, P. Rozin, C. McCauley und S. Imada, Body psyche, and culture, The relationship between disgust and morality, Psychology and Developing Societies 9 (1997) 107 bis 131; D. Dölling, Rechtsgefühl und Perzeption des Strafrechts bei delinquenten und nicht delinquenten Jugendlichen und Heranwachsenden, in: Lampe (Hrsg.), Das sogenannte Rechtsgefühl (1985), S. 240 bis 256; A.A. Ehrenzweig, Psychoanalytische Rechtswissenschaft, Duncker & Humblot, Berlin 1973, §§ 10 und 125; I. Kant, Kritik der reinen Vernunft, Von der ursprünglich-synthetischen Einheit der Apperzeption; J. Esser, Vorverständnis und Methodenwahl in der Rechtsfindung, Athenäum Fischer, Frankfurt am Main 1972, S. 124.

Wir sind es, die uns selbst und einander die Natur *gesetzlich* erklären.[110] Naturnotwendigkeit beruht auf der Gebrauchsregel der naturwissenschaftlichen Redeweise.[111] Natur*recht* beruht auf der *grundsätzlich* gleichen Erfahrung von: Ungerechtigkeit (Herabwürdigung, Unbill) und Güte (Würdigung, Billigkeit).[112]

Die Sätze der Logik sind allesamt gleichberechtigt: Es gibt unter ihnen keine *Grundgesetze*.[113] Alle Sätze über Faktisches stehen gleichfalls auf *einer* Ebene.[114] *In* der Welt gibt es keinen Wert, denn sie *ist* so, wie sie ist: Kein Satz kann *das Höhere* (oder Tiefere) ausdrücken, denn alle Sätze sind gleichwertig.[115]

---

[110] Vgl. L. Wittgenstein, Tractatus 6.371; Vorlesungen, Reihe C (1931/32) XIX; Cicero, De fato, in: A.A. Long und D.N. Sedley (Hrsg.), Die hellenistischen Philosophen, übers. von K. Hülser, Metzler, Stuttgart 2000, S. 122 bis 124.
[111] E. Tugendhat und U. Wolf, Logisch-semantische Propädeutik, S. 250 f.
[112] Vgl. L. Wittgenstein, Vorlesungen, Das Gelbe Buch (1933/34), S. 238 f.; I. Kant, Grundlegung zur Metaphysik der Sitten, hrsg. von Valentiner, Reclam, Stuttgart 2012, Zweiter Abschnitt (S. 54, 76); R. Brandt, Philosophie (2003), Zweiter Teil, Kap. 7, S. 217. D. Hume, Eine Untersuchung über die Prinzipien der Moral (2012), Erster Abschnitt; W. Detel, Philosophie des Geistes und der Sprache² (2011), S. 158 ff.; G.W.F. Hegel, Grundlinien der Philosophie des Rechts oder Naturrecht und Staatswissenschaft im Grundrisse, hrsg. von B. Lakebrink, Reclam, Stuttgart 2009; L.A. Seneca, Über die Güte, übers. von K. Büchner, Reclam, Stuttgart 2010, Zweites Buch; H. Pačić, Eine (neue) Skizze des (alten) Naturrechts, in: Kietaibl, Mosler und Pačić (Hrsg.), Gedenkschrift Robert Rebhahn, Manz, Wien 2019, S. 387 bis 412.
[113] Vgl. L. Wittgenstein, Tractatus 6.127 und 6.1271.
[114] Vgl. L. Wittgenstein, Ethik 12 bis 14.
[115] Vgl. L. Wittgenstein, Tractatus 6.4 bis 6.42; Ethik, S. 12 f.; E. Tugendhat, Probleme der Ethik, Reclam, Stuttgart 1984, S. 59 bis 81.

Menschen stimmen vielfach nicht in ihren Meinungen, wohl aber in vielen ihrer (Wert-)Urteile überein, wegen *menschlicher* Lebensweise;[116] ob wir uns von der Mentalität her *näher* sind, ist eine Anfrage an den Grad der Ähnlichkeit im Lebens*stil*.[117]

Die Induktion ist nicht logisch (notwendigerweise), sondern psychologisch, empirisch begründet.[118] Das Rechtsdenken ist *auch* durch Zetetik gekennzeichnet: nicht nur durch Deduktion, sondern ebenso durch Induktion, Eduktion und Paraduktion.[119]

---

[116] Vgl. L. Wittgenstein, Philosophische Untersuchungen, §§ 241 f.; D. Davidson, Der Mythos des Subjektiven, S. 15, 81 und 83; R. Zippelius, Rechtsgefühl und Rechtsgewissen, in: E. Lampe (Hrsg.), Das sogenannte Rechtsgefühl, Westdeutscher Verlag, Opladen 1985, S. 12 bis 22 (14); H.L.A. Hart, The Concept of Law, The Clarendon Press, Oxford 1961, S. 182 bis 195.

[117] Vgl. D. Davidson, The Myth of the Subjective, in: M. Benedikt und R. Burger (Hrsg.), Bewußtsein, Sprache und die Kunst, österr. Staatsdruckerei, Wien 1988, S. 45 bis 54.

[118] Vgl. L. Wittgenstein, Tractatus 6.3, 6.31 und 6.363 bis 6.37; N. Goodman, Tatsache, Fiktion, Voraussage, übers. von H. Vetter, Suhrkamp, Frankfurt am Main 1988, Kapitel 3; D. Hume, Eine Untersuchung über den menschlichen Verstand, Fünfter wie auch Siebenter Abschnitt; O. Weinberger, Rechtslogik[2] (1989), S. 341 ff.

[119] Vgl. I. Tammelo, Rechtslogik und materiale Gerechtigkeit, S. 43 bis 49; W. C. Salmon, Logik, übers. von J. Buhl, Reclam, Stuttgart 2009, Drittes Kapitel; Aristoteles, Rhetorik, übers. von G. Krapinger, Reclam, Stuttgart 2012, Erstes Buch.

Es gibt keine Ordnung der Dinge a priori.[120] Es ist immer nur eine unter vielen möglichen Ordnungen, die *wir* für bestimmte Zwecke herstellen (setzen).[121] Die Rechtsdogmatik stellt *eine* mögliche, verträgliche Rechts*ordnung* her;[122] hier und da unter Berufung auf *Meta*normen.[123] Die (neue) Dogmatik ist ein Erbe der (alten) Begriffsjurisprudenz.[124]

---

[120] Vgl. L. Wittgenstein, Tractatus 5.634; Tagebücher 1.6.1915 und 12.8.1916; D. Hume, Eine Untersuchung über den menschlichen Verstand, Zwölfter Abschnitt, Dritter Teil.

[121] Vgl. L. Wittgenstein, Philosophische Untersuchungen, § 132.

[122] Vgl. K. Quensel und H. Treiber, Das „Ideal" konstruktiver Jurisprudenz als Methode, Rechtstheorie 33 (2002) 91 bis 124; N. Luhmann, Erkenntnis als Konstruktion, in: Aufsätze und Reden, hrsg. von O. Jahraus, Reclam, Stuttgart 2011, S. 218 bis 242; ders., Rechtssystem und Rechtsdogmatik, Kohlhammer, Mainz, Stuttgart, Berlin und Köln 1974; J. Rödig, Schriften zur juristischen Logik, S. 4 ff.; F. Wieacker, Zur praktischen Leistung der Rechtsdogmatik, in: R. Bubner, K. Cramer und R. Wiehl (Hrsg.), Hermeneutik und Dialektik, FS für H. Gadamer, Band II (Sprache und Logik), J.C.B. Mohr, Tübingen 1970, S. 311 bis 336; Pačić, Vergleichende Rechtslehre, Einführung in die Grundlagen der Rechtsvergleichung, FH des BFI Wien, Working Paper Series Nr. 107/2019; T. Repgen, Gesetzesauslegung im älteren *ius commune* – eine Probe, ZfPW 2016, S. 259 bis 279 (278 f.); R. Rebhahn, Zu den Rahmenbedingungen von Rechtsdogmatik, in: P. Apathy, R. Bollenberger, P. Bydlinski, G. Iro, E. Karner und M. Karollus (Hrsg.), Festschrift für Helmut Koziol, Jan Sramek Verlag, Wien 2010, S. 1461 bis 1480.

[123] Vgl. A.A. Ehrenzweig, Psychoanalytische Rechtswissenschaft, Duncker & Humblot, Berlin 1973, § 102.

[124] Vgl. J. Schröder, Richter, Gesetz und juristische Methode in der Zweck- und Interessenjurisprudenz, ZfPW 2016, 306 bis 318.

Was das Wesen des gesetzten (positiven) Rechts greifbar macht, ist die Art und Weise, *wie* wir uns (sprachlich) darauf beziehen; wie wir damit umgehen.[125] Wir *nehmen* im Alltag *an*, dass wir unser Handeln an der effektiven: staatlichen Ordnung ausrichten müssen, wofern wir uns nicht ihrer gerechtfertigten *Durchsetzung* aussetzen wollen (Normativität).[126] Was wir als Rechtfertigung *gelten* lassen, verdeutlicht, wie wir denken und leben.[127] Diese Rechtfertigung *ist* die Moral, die den (sozialen) Richtwert reflektiert (Normalität).[128]

---

[125] Vgl. T. Vesting, Rechtstheorie, C.H. Beck, München 2007, Rz. 139; B. Waldenfels, In den Netzen der Lebenswelt, Suhrkamp, Frankfurt am Main 1985, S. 85; H.P. Rill, Grundlegende Fragen bei der Entwicklung eines Rechtsbegriffs, in: S. Griller und H.P. Rill (Hrsg.), Rechtstheorie, Rechtsbegriff – Dynamik – Auslegung, Wien 2011, S. 1 bis 19.

[126] Vgl. R. Laun, Rechtsgefühl und Rechtsgeltung, in: E. Lampe (Hrsg.), Das sogenannte Rechtsgefühl, Westdeutscher Verlag, Opladen 1985, S. 203 bis 209; I. Kant, Grundlegung zur Metaphysik der Sitten, hrsg. von T. Valentiner, Reclam, Stuttgart 2012, 1. Abschnitt; H. Pačić, Das strikte Recht: Zivilrecht, Manz, Wien 2019, Rz. 3; Walter, Entstehung und Entwicklung des Gedankens der Grundnorm, in: derselbe (Hrsg.), Schwerpunkte der Reinen Rechtslehre, Manz, Wien 1992, S. 47 bis 59; M. Potacs, Die Grundnormproblematik, in: S. Griller und H.P. Rill (Hrsg.), Rechtstheorie (2011), S. 135 bis 152.

[127] Vgl. L. Wittgenstein, Philosophische Untersuchungen, §§ 265 und 325; A. Verdross, Statisches und dynamisches Naturrecht, Rombach, Freiburg 1971, S. 108; N. Luhmann, Was ist Kommunikation? in: Aufsätze und Reden, hrsg. von O. Jahraus, Reclam, Stuttgart 2011, S. 94-110; T. Vesting, Rechtstheorie, C.H. Beck, München 2007, Rz. 190; Verdross, Die systematische Verknüpfung von Recht und Moral, in: E. Sauer (Hrsg.), Forum der Rechtsphilosophie, B. Pick, Köln 1950, S. 9 bis 15.

[128] Vgl. J. Esser, Vorverständnis und Methodenwahl in der Rechtsfindung (1972), S. 30 f.; D. Hume, Eine Untersuchung über die Prinzipien der Moral, Reclam, Stuttgart 2012, Anhang I, und: Ein Dialog (S. 209); H.L.A. Hart, The Concept of Law, The Clarendon Press, Oxford 1961, S. 95 ff. und 182 bis 195.

Die Sitten sind indes jene Regeln, auf die wir uns solcherart verständigt haben, dass wir ihre Missachtung missbilligen; alle Regeln werden *eingeübt*.[129] Die gerichtliche, behördliche Regel *bestimmt* die gesetzliche Regelung, die vom Deutungsschema zur Vorschrift wird, von der wir *wissen*, wie sie zu handhaben; wie sie zu befolgen *gemeint* ist (Subsumtion).[130]

---

[129] Vgl. L. Wittgenstein, Philosophische Untersuchungen, § 225; Vorlesungen, Teil III (1934/35), 7. Vorl..; Vorlesungen über Ästhetik, S. 16 f.; T. Vesting, Rechtstheorie, Rz. 58; K. Ladeur, Gesetzesinterpretation, ARSP 77 (1991) 176 bis 194; W. Detel, Philosophie des Sozialen, Reclam, Stuttgart 2013, S. 50-65; G. Kucsko-Stadlmayer, Der Beitrag Adolf Merkls zur Reinen Rechtslehre, in: R. Walter (Hrsg.), Schwerpunkte der Reinen Rechtslehre, Manz, Wien 1992, S. 107 bis 121.
[130] Vgl. L. Wittgenstein, Philosophische Untersuchungen, §§ 35 und 199; R. Walter, Das Recht als objektive Gegebenheit oder als Bewusstseinsinhalt, ÖJZ 1992, 281; J. Esser, Vorverständnis und Methodenwahl in der Rechtsfindung, Athenäum Fischer, Frankfurt am Main 1972, S. 38 und 44; H. Pačić, Reine Rechtslehre, NWV, Wien/Graz 2016, S. 101 ff.; A.A. Ehrenzweig, Psychoanalytische Rechtswissenschaft, § 152; F. Kambartel, »Der Löwe spricht ... und wir können ihn nicht verstehen«, Ein Symposion an der Universität Frankfurt anlässlich des hundertsten Geburtstags von Ludwig Wittgenstein, Suhrkamp, Frankfurt am Main 1991, S. 121 ff.; G. Radbruch, Rechtsphilosophie, 2. Aufl., hrsg. von R. Dreier und S.L. Paulsen, C.F. Müller, Heidelberg 2003, §§ 4, 9.

Eine Regelung ist (wie) ein Wegweiser, der nicht den Weg, sondern die Richtung weist und *so* auf den Weg verweist; wer sich daran als Richt*maß*: als (Rechts-)*Norm* gebunden fühlt (im Gewissen), ohne den Richtwert als: Begründungsstandard zu verkennen, entwickelt ein Gespür (Judiz) für die Leitgedanken, die Prinzipien, die das Recht als (selbstreferenzielles) *System* der Rechts*politik* charakterisieren.[131]

---

[131] Vgl. L. Wittgenstein, Philosophische Untersuchungen, §§ 85, 87 und 142; Vorlesungen, Reihe B (1931) XI; Ethik (2012), S. 11; N. Luhmann, Autopoiesis als soziologischer Begriff, in: ders., Aufsätze und Reden, Reclam, Stuttgart 2011, S. 137 bis 158; N. Luhmann, Vorbemerkungen zu einer Theorie sozialer Systeme, in: Aufsätze und Reden (2011), S. 7-30; T. Vesting, Rechtstheorie, Rz. 58 und 114 f.; K. Ladeur, Gesetzesinterpretation, ARSP 77 (1991) 176 bis 194; W. Detel, Philosophie des Sozialen, S. 50 bis 65; J. Esser, Vorverständnis und Methodenwahl in der Rechtsfindung, Athenäum Fischer, Frankfurt am Main 1972, S. 40; J. Austin, The Province of Jurisprudence Determined, Weidenfeld & Nicolson, London 1955, S. 13 ff.; S. Strömholm, Allgemeine Rechtslehre (1976), 6. Kap.; Riezler, Das Rechtsgefühl, Rechtspsychologische Betrachtungen, 3. Aufl., Beck, München 1969; E. Lampe, Rechtsgefühl und juristische Kognition, in: derselbe (Hrsg.), Das sogenannte Rechtsgefühl, Westdeutscher Verlag, Opladen 1985, S. 110 bis 135 (111); R. Weimer, Rechtsgefühl und Ordnungsbedürfnis, in: E. Lampe (Hrsg.), Das sogenannte Rechtsgefühl, S. 158 bis 173 (163); F.v. Kutschera, Einführung in die Logik der Normen, S. 124; T. Buchheim, Vorzug der Rechtmäßigkeit? – Zum Problem der Implementierung von Recht und Gesetz bei griechischen Denkern bis zum Ausgang des 5. Jahrhunderts, in: R. Walter, C. Jabloner und K. Zeleny (Hrsg.), Griechische Philosophie im Spiegel Hans Kelsens (2006), S. 51 ff.; W. Antoniolli, Hans Kelsen und die österreichische Verfassungsgerichtsbarkeit, in: R. Walter, C. Jabloner und K. Zeleny (Hrsg.), 30 Jahre Hans-Kelsen-Institut, Manz, Wien 2003, S. 73 bis 78; S. Griller, Der Rechtsbegriff bei Ronald Dworkin, in: S. Griller und H.P. Rill (Hrsg.), Rechtstheorie, Wien 2011, S. 57 bis 79; F. Bydlinski, H. Krejci, B. Schilcher und V. Steininger, Das Bewegliche System im geltenden und künftigen Recht, Springer, Wien 1986; H. Kube, R. Mellinghoff, G. Morgenthaler, U. Palm, T. Puhl und C. Seiler, Leitgedanken des Rechts zu Staat und Verfassung, C.F. Müller, Heidelberg 2015.

Diese ist (vornehmlich) die Vermittlung zwischen möglichen gegenläufigen, widerstreitenden Belangen: *Interessen* mittels begründeter Regulierung.[132] Rechtsanwendung ist vor diesem Hintergrund: Interessenjurisprudenz.[133]

Die Anforderungen an die Begründung weisen die Methoden der Rechtsfindung als Richtlinien für *Er*wägungen aus, die sich bewährt haben, also zu akzeptablen Lösungen geleitet.[134] Die Methoden*lehre* ist an die Verfassung der Rechtsgemeinschaft *rück*gebunden: *System*jurisprudenz.[135]

Das Rechtsdenken ist *problem*orientiert, in *Hin*sicht auf die von Fall zu Fall ausdifferenzierte Rechtsfrage (Fallgruppe) und den stets revidierten Rechtssatz (Richtsatz) als (zweckmäßige) (Rechts-)Antwort darauf (Topik).[136]

---

[132] Vgl. D. Pfordten, Rechtsphilosophie, C.H. Beck, München 2013, S. 53-62; M. Frick, Zivilisiert streiten, Zur Ethik der politischen Gegnerschaft, Reclam, Stuttgart 2018, S. 9 f.

[133] Vgl. J. Schröder, ZfPW 2016, 306 bis 318.

[134] Vgl. L. Wittgenstein, Vorlesungen über Ästhetik, S. 32 f. und 55; J. Esser, Vorverständnis und Methodenwahl, S. 7; Viehweg, Topik und Jurisprudenz, C.H. Beck, 2. Auflage, München 1963, § 6; A. Schoppenhauer, Die Kunst, recht zu behalten, Reclam, Stuttgart 2014; Mayer, Die Interpretationstheorie der Reinen Rechtslehre, in: R. Walter (Hrsg.), Schwerpunkte der Reinen Rechtslehre (1992), S. 61 bis 70.

[135] Vgl. R. Rebhahn, Zur Methodenlehre des Unionsrechts – insbesondere im Privatrecht, ZfPW 2016, S. 281 bis 306 (286).

[136] Vgl. L. Wittgenstein, Gespräche über Freud, in: derselbe, Vorlesungen und Gespräche, hrsg. von Barrett (2005), S. 73; T. Vesting, Rechtstheorie, Rz. 58; K. Ladeur, ARSP 77 (1991) 176 bis 194; W. Detel, Philosophie des Sozialen, S. 50 bis 65; J. Esser, Vorverständnis und Methodenwahl in der Rechtsfindung, S. 107, 154 ff.; Aristoteles, Topik, übers. von T. Wagner und C. Rapp, Reclam, Stuttgart 2004; T. Viehweg, Topik und Jurisprudenz[2] (1963), §§ 1 und 3.

*Fall*recht beruht auf der Erfahrung, dass Vorentscheidungen der (Höchst-)Gerichte als Begründungsschablonen problem*los* Rechtssicherheit wahren, wenn, weil und solange ihre Deutung der Rechtslage als eine vernünftige und sozialadäquate haltbar (vertretbar) ist, sohin: (Rechts-)Wirksamkeit erwarten lässt.[137]

Richterliche Rechts*fort*bildung ist *Zweck*jurisprudenz, sohin: Eigenwertung nach objektiven Kriterien: Wertungsjurisprudenz *aufgrund* der historischen *Ab*wägung von Interessen, *die* und soweit sie *in* der Regelung oder durch die Regulierung, mithin: aus dem Text oder dem Kontext heraus, *nach*vollziehbar ist.[138]

---

[137] Vgl. J. Esser, Vorverständnis und Methodenwahl in der Rechtsfindung, S. 187 ff.; Wittgenstein, Philosophische Untersuchungen, § 201 f. N. Luhmann, Die Paradoxie des Entscheidens, Verwaltungsarchiv 84 (1993) 287 bis 310; W. Weimer, Logisches Argumentieren, Reclam, Stuttgart 2013, S. 12 ff.; W. Detel, Logik, 2. Auflage, Reclam, Stuttgart 2009, S. 42 ff. und 60 ff.; J. Pfister, Werkzeuge des Philosophierens, Reclam, Stuttgart 2013, S. 117 ff.

[138] Vgl. H. Hafenkamp, Richter, Gesetz und juristische Methode in der Wertungsjurisprudenz, ZfPW 2016, S. 319 bis 334; B. Rüthers, Miniatur: „Das Gesetz ist oft klüger als seine Verfasser", Anmerkungen zu H. Honsell „Die rhetorischen Wurzeln der juristischen Auslegung" (ZfPW 1/2016, S. 106 ff.), ZfPW 2016, S. 383 f.

Einen Stufenbau kann es im Recht nur als Ordnung geben, also in seiner Einheit, Vollständigkeit und Unabhängigkeit, aber nicht als operierendes (arbeitsteiliges, zusammenwirkendes) System (der Kommunikation über Fragen der Gerechtigkeit).[139] Das etablierte Rechtssystem *ist* der Staat, das (Staats-)Volk ist die *geregelte* Zivilgesellschaft (Öffentlichkeit), die Staatsgewalt ist *diese* als auf ihrem Gebiet: im Raum und Zeit regulierend *wirken*de, sonach: rechtspolitische Gemeinschaft.[140]

---

[139] Vgl. J. Derrida, Randgänge der Philosophie, Passagen Verlag, Wien 1988, S. 297; N. Luhmann, Die Codierung des Rechtssystems, Rechtstheorie 17 (1986) 171 ff.; derselbe, Das Recht der Gesellschaft, Suhrkamp, Frankfurt am Main 1993, S. 20; K. Ladeur, Computerkultur und Evolution der Methodendiskussion in der Rechtswissenschaft, ARSP 74 (1988) 218 ff.; O. Weinberger, Rechtslogik[2] (1989), S. 258 f.; H. Mayer, Die Theorie des rechtlichen Stufenbaues, in: R. Walter, Schwerpunkte der Reinen Rechtslehre, S. 37-46; B. Funk, Die Leistungsfähigkeit der Stufenbaulehre, Zur Wissenssoziologie eines reduzierten Positivismus, in: Griller und Rill (Hrsg.), Rechtstheorie, S. 195 bis 208; der., Rechtswissenschaft als Erkenntnis und kommunikatives Handeln, dargestellt anhand von Entwicklungen in der Staatsrechtslehre, JRP 2000, 65.

[140] Vgl. J. Rödig, Schriften zur juristischen Logik, S. 59 ff. und 107 ff.; G.D. v. Rossum und E. Böckenförde, Organ, Organismus, Politischer Körper, in: O. Brunner, W. Conze und R. Koselleck (Hrsg.), Geschichtliche Grundbegriffe, Bd. IV, Klett-Cotta, Stuttgart 1978, S. 519 bis 622; B. Stollberg-Rilinger, Der Staat als Maschine, Zur politischen Metaphorik des absoluten Fürstenstaats, Duncker & Humblot, Berlin 1986; D. Pfeil, Untersuchungen zur Staats- und Herrschaftsmetaphorik in literarischen Zeugnissen von der Antike bis zur Gegenwart, München 1983. J. Esser, Vorverständnis und Methodenwahl in der Rechtsfindung, S. 102; Aristoteles, Politik, Schriften zur Staatstheorie, übers. von F.F. Schwarz, Reclam, Stuttgart 2010, 2. Buch (B); M.T. Cicero, Über den Staat, übers. von W. Sontheimer, Reclam, Stuttgart 2011, Erstes Buch [22 (39)]; Th. V. Aquin, Über die Herrschaft des Fürsten, übers. von F. Schreyvogl, Reclam, Stuttgart 2008, Erstes Buch, 1. Kapitel; J. Locke, Über die Regierung, übers. von D. Tidow, Reclam, Stuttgart 2011; R. Thienel, Recht und Staat aus Sicht der Reinen Rechtslehre, in: Walter (Hrsg.), Schwerpunkte der Reinen Rechtslehre (1992), S. 71 bis 86.

Das Verhältnis von (einzel-)staatlichem zum internationalen Recht (oder Unionsrecht) hängt von der Perspektive ab, die wir einzunehmen *geübt* sind; davon, *wie* wir es bewerkstelligen, bei mehr*deutiger* Rechtslage (eindeutig) Recht zu sprechen.[141]

---

[141] Vgl. L. Wittgenstein, Tractatus 5.5423; W. Detel, Erkenntnis- und Wissenschaftstheorie, Reclam, Stuttgart 2008, S. 12 bis 47; I. Tammelo, Rechtslogik und materiale Gerechtigkeit, S. 90 f.; T. Schilling, Das Verhältnis zwischen Völkerrecht, Gemeinschaftsrecht und staatlichem Recht, in: Griller und Rill (Hrsg.), Rechtstheorie (2011), S. 153 bis 194.

Wie die Kunst *ein* Werk, so betrachtet die Ethik *die Welt* sub specie aeternitatis: *mit* aller (Sach-)Logik als *Hinter*grund, für zeitlose (gütige) Gerechtigkeit (Harmonie).[142]

---

[142] Vgl. L. Wittgenstein, Tractatus 6.422; Tagebücher 4.3.1915, 30.7., 7.10., 9.10. und 21.10.1916; Vermischte Bemerkungen, S. 456, 503: P.H. Bresser, Die Übersteigerungen des Rechtsgefühls, in: Lampe (Hrsg.), Das sogenannte Rechtsgefühl, Westdeutscher Verlag, Opladen 1985, S. 276 bis 286 (283); Platon, Menon, übers. von M. Kranz, Raclam, Stuttgart 1994, S. 5 bis 9 (70-72c); ders., der Staat (Politeia), übers. von K. Vretska, Reclam, Stuttgart 1997, S. 327 bis 331 (514-517e); J. Rawls, Eine Theorie der Gerechtigkeit, übers. von H. Vetter, Suhrkamp, Frankfurt am Main 1979; R.W. Emerson, Natur (2019), S. 25; B. McGuinness, Die Mystik des Tractatus, in: J. Schulte, Texte zum Tractatus, Frankfurt am Main 1989, S. 165 bis 191 (180); N. Luhmann, Das Medium der Kunst, in: Aufsätze und Reden, hrsg. von O. Jahraus, Reclam, Stuttgart 2011, S. 198-217; R. Brandt, Philosophie (2003), Dritter Teil, Kapitel 10, S. 264 f.; N. Goodman, Sprachen der Kunst, Entwurf einer Symboltheorie, übers. von B. Philippi, Suhrkamp, Frankfurt am Main 1995, A. Danto, Die Verklärung des Gewöhnlichen, Eine Philosophie der Kunst, übers. von M. Looser, Suhrkamp, Frankfurt am Main 1984; K. Lüdeking, Analytische Philosophie der Kunst, Eine Einführung, Fink, München 1998; R. Schmücker, Was ist Kunst? Eine Grundlegung, Fink, München 1998; M. Rehbinder, Rechtsgefühl als Gemeinschaftsgefühl, in: E. Lampe (Hrsg.), Das sogenannte Rechtsgefühl (1985), S. 174 bis 184 (180); A. Adler, Über den Ursprung des Strebens nach Überlegenheit und des Gemeinschaftsgefühls, Internationale Zeitschrift für Individualpsychologie 11 (1932), S. 275 bis 263; Konfuzius, Das Buch von Maß und Mitte, hrsg. von F. & U. Fellmann, Reclam, Stuttgart 2015; C. Jabloner, Ideologiekritik bei Kelsen, in: R. Walter (Hrsg.), Schwerpunkte der Reinen Rechtslehre, S. 97 bis 106; A.C. Ewing, Ethik, Eine Einführung, übers. von B. Goebel, Meiner, Hamburg 2014; E. Holzleithner, Gerechtigkeit, Facultas, Wien 2009.

3. Vortrag.

Die **Mystik** begreift die Logik und die Ethik (Ästhetik) in sich; als (Geistes-)Haltung.[143]

---

[143] Vgl. L. Wittgenstein, Tagebücher 30.7.1916; W. Detel, Philosophie des Geistes und der Sprache, 2. Auflage, Reclam, Stuttgart 2011, S. 12 ff. (Geist); B. McGuinness, Die Mystik des Tractatus, in: Schulte, Texte zum Tractatus (1989), S. 165 bis 191; Demokrit, Fragmente zur Ethik, übers. und komm. von G. Ibscher, Reclam, Stuttgart 2007, Frg. 69; M. Strausberg, Zarathustra und seine Religion, 2. Auflage, C.H. Beck, München 2011, S. 17; P. Andrych, R. Bracey, D. Dalglish, S. Lenk und R. Wood, Images of Mithra, Oxford University Press, Oxford 2017.

Die Logik ist nicht nur eine Lehre vom Schließen; sie erfüllt die Welt.[144] Sie ist vor der (eigentlichen) Erfahrung, *wie* etwas ist, nicht dagegen vor jener (uneigentlichen), dass (überhaupt) etwas *ist*.[145] Nicht *wie* die Welt ist, ist das Mystische, sondern *dass* es sie gibt, zudem: dass sie sich begrenzt *anfühlt*.[146]

Das Staunen darüber, diese Verwunderung, ist aus diversen (Schöpfungs-)Mythen herauszuhören.[147] Das Staunen regt zur Reflexion und hebt (auch) zum (methodischen) Zweifel an.[148]

[144] Vgl. L. Wittgenstein, Tractatus 5.61, 6.1224, 6.13; W. Büttemeyer, Logik zur Einführung, Junius, Hamburg 2014; P. Hoyningen-Huene, Formale Logik, Eine philosophische Einführung (2018), S. 155 ff.

[145] Vgl. L. Wittgenstein, Tractatus 5.552 und 6.1233; Tagebücher 18.10.1914.

[146] Vgl. L. Wittgenstein, Tractatus 6.44; Tagebücher 20.10.1916; Ethik, S. 15; B. Russel, Scientific Method in Philosophy (1914), in: Mysticism and Logic, Longmans Green, London 1918, S. 97 bis 124; H. Kloft, Mysterienkulte der Antike, 4. Auflage, C.H. Beck, München 2010, S. 7 ff. und 69 ff.

[147] Vgl. L. Wittgenstein, Tractatus 6.45; Ethik, S. 16; Vorlesungen, Miszellen, S. 129, Philosophie (1932/33) S. 162 f.; H.P. Weber, Credo, M. Grünewald, Ostfildern 2017, S. 50 ff.; G. Hart, Ägyptische Mythen, übers. von X. Engel, Reclam, Stuttgart 2016; H. McCall, Mesopotamische Mythen, übers. von M. Müller, Reclam, Stuttgart 2016; J.F. Gardner, Römische Mythen, übers. von I. Rein, Reclam, Stuttgart 2016; L. Burn, Griechische Mythen, übers. von I. Rein, Reclam, Stuttgart 2016; M.J. Green, Keltische Mythen, übers. von M. Müller, Reclam, Stuttgart 2016; R.I. Page, Nordische Mythen, übers. von I. Rein, Reclam, Stuttgart 2016.

[148] Vgl. T. Mayer-Maly, Rechtsphilosophie (Nachdruck 2015), S. 4; G. Deleuze und F. Gattari, Was ist Philosophie? Übers. von B. Schwibs und J. Vogl, Suhrkamp, Frankfurt am Main 2000, s. 9 ff.

Der Zweifel macht nur *dort* Sinn, wo wir irgendetwas wissen können.[149] Zum Zweifeln fehlen uns im Normalfall die Gründe; *so* gehört die Wahrheit gewisser Erfahrungssätze zu unserem Bezugssystem, zum Paradigma.[150] Am Grunde der Sprache ist wohl das *un*begründete Verhalten; wer vernünftig handelt, hat gewisse Zweifel *nicht.*[151] Die Vernunft (Vernünftigkeit) ist eine *weltliche* Gesinnung.[152]

---

[149] Vgl. L. Wittgenstein, Vorlesungen, Miszellen, S. 129; Ursache und Wirkung Intuitives Erfassen, in: Vortrag über Ethik und andere kleine Schriften[6], hrsg. von Schulte (2012), S. 105 ff.; F. Dreckmann, Wittgensteins stillschweigende Voraussetzung, in: E. Savigny und O.R. Scholz (Hrsg.), Wittgenstein über die Seele, 3. Aufl., Suhrkamp, Frankfurt am Main 2016, S. 121 bis 130; J. Pfister, Philosophie (2013), S. 103 f.

[150] Vgl. L. Wittgenstein, Über Gewißheit, in: Werkausgabe 8[15] (2017), S. 119 bis 257 (Nr. 1 bis 676); Philosophische Untersuchungen, § 206; T. Kuhn, Die Struktur wissenschaftlicher Revolutionen, übers. von K. Simon und H. Vetter, 2. Auflage, Suhrkamp, Frankfurt am Main 2003; T. Kuhn, Die Entstehung des Neuen, Studien zur Struktur der Wissenschaftsgeschichte, hrsg. von L. Krüger, übers. von H. Vetter, Suhrkamp, Frankfurt am Main 1978, S. 397 bis 415; Detel, Erkenntnis- und Wissenschaftstheorie, Reclam, Stuttgart 2008, S. 44 bis 47 und 124 bis 142; H. Putnam, Von einem realistischen Standpunkt, Schriften zur Sprache und Wirklichkeit, übers. von V.C. Müller, Rowohlt, Reinbek bei Hamburg 1993, S. 203 bis 219.

[151] Vgl. L. Wittgenstein, Ursache und Wirkung, Intuitives Erfassen, S. 115; Über Gewißheit Nr. 110, 148, 196, 220, 229, 254, 334, 336, 342, 402 und 449; Philosophische Untersuchungen, §§ 1, 217; Konfuzius, Gespräche, übers. von R. Moritz, Reclam, Stuttgart 2008, IX,29; J.W. Goethe, Faust, Der Tragödie Erster Teil, Reclam, Stuttgart 2003, Kapitel: Studierzimmer I.

[152] Vgl. I. Tammelo, Rechtslogik und materiale Gerechtigkeit, S. 77 bis 83; I. Kant, Kritik der reinen Vernunft, Einleitung, und: Der Transzendentalen Logik Zweite Abteilung, Transzendentale Dialektik, Von der Vernunft überhaupt.

Darauf rekurrieren alle Gerechtigkeitstheorien, die auf das: *aufgeklärte* Interesse, die *praktische* Vernunft, den Diskurs: Fairness, einen Volksgeist, die Kohärenz, eine *hypothetische* Zustimmung (zum Beispiel in einem Gesellschaftsvertrag oder etwa unter einem Schleier des Nichtwissens), Nützlichkeit oder Neutralität abstellen.[153]

---

[153] Vgl. R. Celikates und S. Gosepath, Politische Philosophie, Reclam, Stuttgart 2013, Kapitel 2, 3 und 4.1; J. Rawls, Distributive Justice, in: P. Laslett und W.G. Runciman (Hrsg.), Philosophy, Politics and Society, Third Series, B. Blackwell, Oxford 1967, S. 58 bis 68; M. Kriele, Rechtsgefühl und Legitimität der Rechtsordnung, in: E. Lampe (Hrsg.), Das sogenannte Rechtsgefühl (1985), S. 23 bis 36 (24 f.); N. Hoerster, Was ist Moral? Eine philosophische Einführung, Reclam, Stuttgart 2009, S. 55 ff; J. Rödig, Schriften zur juristischen Logik, S. 16; J. Bentham, Eine Einführung in die Prinzipien der Moral und der Gesetzgebung, in: O. Höffe (Hrsg.), Einführung in die utilitaristische Ethik, 3. Auflage, Fracke, Tübingen 1992, S. 55 bis 83; A. Augustinus, Bekenntnisse, übers. von K. Flasch und B. Mojsisch, Reclam, Stuttgart 2009, Drittes Buch; J. S. Mill, Der Utilitarismus, übers. von D. Birnbacher, Reclam, Stuttgart 2010; K. Apel, Sprache als Thema und Medium der transzendentalen Reflexion, Zur Gegenwartssituation der Sprachphilosophie, in: K. Apel, Transformation der Philosophie Bd. 2: Das Apriori der Kommunikationsgemeinschaft, Suhrkamp, Frankfurt am Main 1988, S. 311 ff.; J. Rawls, Gerechtigkeit als Fairneß: politisch und nicht metaphysisch, in: Die Idee des politischen Liberalismus, Aufsätze 1978-1989, hrsg. von W. Hinsch, Suhrkamp, Frankfurt am Main 1994, S. 255 ff.; T. Hobbes, Leviathan, Erster und zweiter Teil, übers. von J.P. Mayer, Reclam, Stuttgart 2010; J. Rousseau, Vom Gesellschaftsvertrag oder Grundsätze des Staatsrechts, übers. von H. Brockard, Reclam, Stuttgart 2013; F.C.v. Savigny, Vom Beruf unserer Zeit, 2. Auflage, J.C.B. Mohr, Heidelberg 1828; derselbe, System des heutigen römischen Rechts, Erster Band, bei Veit und Comp, Berlin 1840; G.F. Puchta, Das Gewohnheitsrecht, Erster Theil, Palm'sche, Erlangen 1828.

Das philosophische *Ich* ist *nicht* weltlich, es ist das *geistige* Subjekt.[154] Kein Körper lässt auf einen Geist schließen, *so* wie nichts am Sichtfeld darauf schließen lässt, dass es vom Auge gesehen wird, da wir unser(e) Auge(n) *nicht* sehen.[155]

Die Wörter *Psyche* oder *Geist* verwenden wir so, als stünden sie für ein physisches Objekt, was sie nicht tun, weshalb schon, was dies *sei*, eine Frage ist, die in die Irre führt.[156] Die Psyche zeichnet sich am Körper ab, im Verhalten, und *damit* auch: in der Sprache.[157] Wir *betrachten* das Verhalten der Mitmenschen als Ausdruck von Psychischem: der Reichtum geistigen Lebens hängt von der Differenziertheit des Ausdrucksverhaltens ab.[158]

---

[154] Vgl. L. Wittgenstein, Tractatus 5.641; Tagebücher 7.8. und 12.8. 1916; Bemerkungen über Farben, in: Werkausgabe 8[15] (2017), Teil I Nr. 80; P. Bieri, Generelle Einführung, in: Analytische Philosophie des Geistes, Athenäum, Bodenheim 1993.

[155] Vgl. L. Wittgenstein, Tractatus 5.633; Vorlesungen, Philosophie (1932/33) S. 174; Aufzeichnungen für Vorlesungen über „privates Erlebnis" und „Sinnesdaten" in: Vortrag über Ethik und andere kleine Schriften[6], hrsg. von J. Schulte (2012), S. 55.

[156] Vgl. L. Wittgenstein, Vorlesungen, Philosophie (1932/33) S. 186; G.W. Leibniz, Fünf Schriften zur Logik und Metaphysik, übers. von H. Herring, Reclam, Stuttgart 2009, Neues System der Natur und der Verbindung der Substanzen sowie der Vereinigung zwischen Seele und Körper; Aristoteles, Über die Seele, übers. von G. Krapinger, Reclam, Stuttgart 2011.

[157] Vgl. E. Savigny und O.R. Scholz (Hrsg.), Wittgenstein über die Seele, 3. Auflage, Suhrkamp, Frankfurt am Main 2016, hier die Beiträge von M.t. Hark, Wittgenstein und Russel über Psychologie und Fremdpsychisches, S. 84 ff., und W. Lütterfelds, Das „Durcheinander" der Sprachspiele, Wittgensteins Auflösung der Mentalismus-Alternative, S. 107 ff.; D. Davidson, Der Mythos des Subjektiven, S. 6; Leibniz, Zur prästabilen Harmonie, in: Hauptschriften zur Grundlegung der Philosophie, übers. von A. Buchenau, Meiner, Hamburg 1996, S. 459 bis 460; W. Detel, Philosophie des Geistes und der Sprache, 2. Aufl., Reclam, Stuttgart 2011, S. 53 ff. (Repräsentation).

[158] Vgl. E. Savigny, Keine Hoffnung für Hunde, in: E. Savigny und O.R. Scholz (Hrsg.), Wittgenstein über die Seele, 3. Auflage, Suhrkamp, Frankfurt am Main 2016, S. 56.

Rechts*treue,* das ist: Respekt vor der Öffentlichkeit, zeigt sich in der Rechts*wirklichkeit* (Goldene Regel).[159]

Idealismus grenzt aus der Welt den Menschen, Solipsismus mich allein aus, doch sichtlich gehöre ich als Mensch *zur* Welt und *so* führen beide, streng durchdacht, zum Realismus: Das Ich wird ausdehnungslos und es bleibt nur die *ihm* koordinierte (reine) (Lebens-)Wirklichkeit.[160]

---

[159] Vgl. H.L.A. Hart, Legal and Moral Obligation, in: A. I. Melden (Hrsg.), Essays in Moral Philosophy, University of Washington Press, Seattle & London 1958, S. 87 ff.; N. Hoerster, Gibt es eine moralische Verpflichtung zum Rechtsgehorsam? in: Logik, Ethik, Theorie der Geisteswissenschaften, XI. Deutscher Kongreß für Philosophie, Göttingen 1975, bei Felix Meiner, Hamburg 1977, S. 112 bis 122; T. Mayer-Maly, Rechtsphilosophie (Nachdruck 2015), § 8; M. Killias, Zur Bedeutung von Rechtsgefühl und Sanktionen für die Konformität des Verhaltens gegenüber neuen Normen, in: Lampe (Hrsg.), Das sogenannte Rechtsgefühl (1985), S. 257 bis 275; W. Kerstling, Kelsen und Aristoteles, in: R. Walter, C. Jabloner und K. Zeleny (Hrsg.), Griechische Philosophie im Spiegel Hans Kelsens, Manz, Wien 2006, S. 15 bis 30; M. Schmidt, Reine Rechtslehre versus Rechtsrealismus, in: R. Walter (Hrsg.), Schwerpunkte der Reinen Rechtslehre, Manz, Wien 1992, S. 137 bis 154.

[160] Vgl. L. Wittgenstein, Tractatus 5.62, 5.64; Tagebücher 2.9.1916; I. Kant, Kritik der reinen Vernunft, Widerlegung des Idealismus.

Allein in *diesem* Sinne ließe sich sagen, die Welt sei meine Vorstellung und mein Wille sei der Weltwille.[161] Der Wille ist die *in* der Tat am Objekt beabsichtigte Stellungnahme *zur* Welt.[162] Die Welt ist *nicht* abhängig davon, was *ich* will.[163] Dass uns die Welt vor*gegeben* ist, *wir* gewissermaßen abhängig (bedürftig) sind, ist in unserem Bezug auf *Höhere* Gewalt ausgedrückt.[164] Der Alltags*bedarf* prägt die Idee von *sozialer* Gerechtigkeit.[165]

---

[161] Vgl. L. Wittgenstein, Tractatus 17.10.1916; Tagebücher 23.5.1915 und 15.10.1916; Ethik, S. 14 und 16; M.T. Cicero, De officiis, Vom pflichtgemäßen Handeln, hrsg. von H. Günermann, Reclam, Stuttgart 1976, S. 13-113; H.W. Krüger, Fragwürdige Bilder, Wittgenstein über den Inhalt der Vorstellung, in: E. Savigny und O.R. Scholz (Hrsg.), Wittgenstein über die Seele, 3. Auflage, Suhrkamp, Frankfurt am Main 2016, S. 72 ff.; A. Schoppenhauer, Welt und Mensch, Eine Auswahl aus dem Gesamtwerk, von A. Hübscher, Reclam, Stuttgart 2010, Kapitel III: Vorstellung und Wille.

[162] Vgl. L. Wittgenstein, Tagebücher 4.11.1916; Vorlesungen, Das Gelbe Buch (1933/34), S. 216.

[163] Vgl. L. Wittgenstein, Tractatus 6.373 und 6.374; Tagebücher 11.6.1916.

[164] Vgl. L. Wittgenstein, Tagebücher 8.7.1916; Vermischte Bemerkungen, S. 454; Ethik, S. 13; Aristoteles, Nikomachische Ethik, übers. von F. Dirlmeier, Reclam, Stuttgart 2013, Buch I; E. Zemach, Wittgenstein's Philosophy of the Mystical, Review of Metaphysics XVIII (1964), S. 38 bis 57; J. McDowell, Geist und Welt, übers. von T. Blume, H. Bräuer und G. Klass, Suhrkamp, Frankfurt am Main 2001, 1. Vorlesung, §§ 1 bis 5.

[165] Vgl. W.F. Frankena, Some Beliefs about Justice, The University of Kansas, Lawrence 1966, S. 3 bis 20; R. Lautmann, Rechtsgefühl und soziale Lage, in: E. Lampe (Hrsg.), Das sogenannte Rechtsgefühl (1985), S. 287 bis 302; O. Höffe, Gerechtigkeit: eine philosophische Einführung, Beck, München 2001; C. Horn, Einführung in die Politische Philosophie, Wiss. Buchgesellschaft, Darmstadt 2003; C. Gilligan, Die andere Stimme, Lebenskonflikte und Moral der Frau, Piper, München 1984; A. Pechriggl, Wie undogmatisch ist Kelsens Platon? Drei Annäherungen an Die Illusion der Gerechtigkeit, in: R. Walter, C. Jabloner und K. Zeleny (Hrsg.), Griechische Philosophie im Spiegel Hans Kelsens, Manz, Wien 2006, S. 31 bis 49; Epiktet, Handbüchlein der Moral, übers. von K. Steinmann, Reclam, Stuttgart 2012; Reden des Buddha, übers. von I. Gunsar, Reclam, Stuttgart 2015; E. Holzleithner, Gerechtigkeit, Facultas, Wien 2009; N. Hoerster, Was ist eine gerechte Gesellschaft? Eine philosophische Grundlegung, C.H. Beck, München 2013.

Das gute wie das böse Wollen durchringt die Welt, ohne die Tatsachen zu ändern; ohne das zu ändern, was sprachlich zum Ausdruck gebracht werden *kann*, wohl aber verschiebt es die Grenze der Welt, denn das Subjekt ändert *sich*: Die Welt des glücklichen (integren) Menschen ist solcherart *eine glückliche Welt*; eine *andere* als jene des unglücklichen Menschen.[166] Das subjektive Glück ist *die* Maxime, die sich heilsam (harmonisch, wohltuend) auswirkt, weil sie freundlich; weil sie mit der Welt verträglich ist.[167] Das objektive Glück, das Glück der Sozietät, das bürgerliche Glück, welches durch Recht ermöglicht werden *kann*, *ist* soziale Gerechtigkeit.[168]

---

[166] Vgl. L. Wittgenstein, Tractatus 6.43; Tagebücher 11.6., 5.7., 29.7. sowie 30.7.1916; B. McGuinness, Die Mystik des Tractatus, in: J. Schulte (Hrsg.), Texte zum Tractatus, Frankfurt am Main 1989, S. 165 bis 191 (179).

[167] Vgl. L. Wittgenstein, Tagebücher 8.7., 30.7. und 13.8.1916; L. Geldsetzer und H. Hong, Chinesische Philosophie, Eine Einführung, Reclam, Stuttgart 2008, 2. Kap.; G. Bien, Glück – was ist das? Knecht, Frankfurt am Main 1999; M. Hossenfelder, Antike Glückslehren, Kröner, Stuttgart 1996; M. Forschner, Über das Glück des Menschen, Wissenschaftliche Buchges., Darmstadt 1993; B. McGuinness, Die Mystik des Tractatus, in: J. Schulte (Hrsg.), Texte zum Tractatus, Frankfurt am Main 1989, S. 165 bis 191 (189); A. Augustinus, Über das Glück, übers. von I. Schwarz-Kirchenbauer und W. Schwarz, Reclam, Stuttgart 2011; L.A. Seneca, Vom glücklichen Leben, übers. von F. Mutschler, Reclam, Stuttgart 2012.

[168] Vgl. H. Kelsen, Was ist Gerechtigkeit? (1953), Reclam, Stuttgart 2010; L. Wittgenstein, Philosophische Untersuchungen, § 244; H. Eckensberger, Das „Rechtsgefühl" aus entwicklungspsychologischer Perspektive, wie auch: T. Schwinger, Rechtsgefühl und sozialpsychologische Theorien interpersonaler Gerechtigkeit, in: E. Lampe (Hrsg.), Das sogenannte Rechtsgefühl, S. 71 bis 109 (95) sowie S. 303 bis 318; C. Jabloner und K. Zeleny, Kelsen und die griechischen Philosophen – eine Einführung, in: R. Walter, C. Jabloner und K. Zeleny (Hrsg.), Griechische Philosophie im Spiegel Hans Kelsens, Manz, Wien 2006, S. 1 bis 13.

Das glückliche Leben rechtfertigt sich von allein, weil es die Fülle des Lebens ist.[169] Es gibt nur nicht *ein* objektives Merkmal für seine *endgültige* Beschreibung und Erklärung.[170] Die Fakten sprechen nicht für sich selbst.[171] Dass die Grenzen *der* Sprache die Grenzen *meiner* Welt sind, zeigt uns das Folgende: Die Welt und das Leben sind Eins.[172]

Beim Tod ändert sich die Welt nicht, sondern hört auf; und wird allenfalls eine *gänzlich* andere: Der (eigene) Tod *ereignet* sich nicht; wir erleben ihn nicht, wir sterben beim Sterben.[173] Das Leben ist *so* endlos, wie das Gesichtsfeld (das Sichtfeld der Augen) grenzenlos ist.[174]

Die Lösung des Rätsels vom Leben in Raum und Zeit liegt nicht im Leben nach dem Tod, das ebenso rätselhaft anmutet wie das gegenwärtige, sondern: außerhalb von Raum und Zeit, wenn und weil wir nicht nur nach der *Ursache* fragen, sondern (auch) nach dem (Ur-)*Grund*.[175]

---

[169] Vgl. L. Wittgenstein, Tagebücher 30.7.1916.

[170] Vgl. L. Wittgenstein, Tagebücher 30.7.1916.

[171] Vgl. M. Frick, Zivilisiert streiten, Zur Ethik der politischen Gegnerschaft, Reclam, Stuttgart 2018, S. 45.

[172] Vgl. L. Wittgenstein, Tractatus 5.6 bis 5.63; Tagebücher 23.5.1915, 11.6. und 24.7. 1916.

[173] Vgl. L. Wittgenstein, Tractatus 6.431: Tagebücher, 5.7. und 8.7. 1916; B. Pascal, Das Ich besteht nur in meinem Denken, hrsg. von F.J. Wetz, Reclam, Stuttgart 2017, Nr. 6 (668/457); Epikur, Brief an Menoikeus, in: ders., Briefe, Sprüche, Werkfragmente, übers. von H. Krautz, Reclam, Stuttgart 2000, S. 43 bis 45 (124-132).

[174] Vgl. L. Wittgenstein, Tractatus 6.4311.

[175] Vgl. L. Wittgenstein, Tractatus 6.4311 und 6.4312; Vorlesungen, Reihe B, Ostertrimester 1931; D. Davidson, Meaning, Truth and Evidence, in: R. Barrett und R. Gibson (Hrsg.), Perspectives on Quine, Blackwell, Cambridge 1990, S. 68 bis 79; R.C. Zaehner, Mysticism, sacred and profane, Clarendon Press, Oxford 1957, S. 101 f.; Platon, Menon, übers. von M. Krank, Raclam, Stuttgart 1994, S. 33 bis 37 (79e-81e).

Der Grund für eine Handlung ist ein Motiv, das in ihr liegt;[176] es muss nicht *das* Motiv sein.[177] Die Kette *aller* Gründe hat ein Ende.[178] Das Rätsel gibt es nicht: Sofern sich eine Frage stellen lässt, *kann* sie beantwortet werden; Skeptizismus, der *alles* zu bezweifeln sucht, ist widersinnig.[179]

---

[176] Vgl. L. Wittgenstein, Vorlesungen, Miszellen, S. 132; R. Rhees, Some Developments in Wittgenstein's view of Ethics, Philosophical review LXXIV (1965), S. 22.

[177] Vgl. L. Wittgenstein, Vorlesungen, Philosophie (1932/33) S. 188 f.; ders., Gespräche über Freud, in: Vorlesungen und Gespräche, hrsg. von C. Barrett (2005), S. 71 f.; S. Karstedt-Henke, Die Stützung von strafrechtlichen Normen und Sanktionen durch das Rechtsgefühl, in: E. Lampe (Hrsg.), Das sogenannte Rechtsgefühl, Westdeutscher Verlag, Opladen 1985, S. 210 bis 239.

[178] Vgl. L. Wittgenstein, Vorlesungen, Philosophie (1932/33) S. 149; Philosophische Untersuchungen, § 1; F.v. Kutschera, Einführung in die Logik der Normen, Werte und Entscheidungen, Karl Alber, Freiburg und München 1973, S. 131 f.

[179] Vgl. L. Wittgenstein, Tractatus 4.003 und 6.5; Tagebücher 1.5.1915; D. Davidson, Der Mythos des Subjektiven, S. 9, 67 f. und 94 f.; G.E. Moore, Beweis einer Außenwelt, in: derselbe, Eine Verteidigung des Common Sense, Fünf Aufsätze, übers. von E. Bubser, Suhrkamp, Frankfurt am Main 1969, S. 153 bis 184; P.F. Strawson, Skeptizismus und Naturalismus, übers. von M.N. Istase und R. Soskey, Philo, Berlin 2001, Kapitel 1; H. Putnam, Von einem realistischen Standpunkt, Schriften zu Sprache und Wirklichkeit, hrsg. von V.C. Müller, Rowohlt, Reinbek 1993; G. Gabriel, Grundprobleme der Erkenntnistheorie, Schöningh, Paderborn 1993.

Gewissheit bedeutet, dass: soweit zu sehen, alles dafür und nichts dagegen spricht.[180] Die *Würde* des Menschen ist gewiss; daraus erklärt sich, dass wir als freie und gleiche, als natürliche Personen (Rechtssubjekte) im Grunde verantwortlich *sind*.[181]

[180] Vgl. E. Tugendhat und U. Wolf, Logisch-semantische Propädeutik, S. 255.

[181] Vgl. F.A. v. Hayek, Die Verfassung der Freiheit, J.C.B. Mohr, Tübingen 1971, S. 105 bis 118; R. Dworkin, Was ist Gleichheit? übers. von C. Schmidt-Petri, Suhrkamp, Frankfurt am Main 2011; J. Rousseau, Abhandlung über den Ursprung und die Grundlagen der Ungleichheit unter den Menschen, übers. von P. Rippel, Reclam, Stuttgart 2012; S. v. Pufendorf, Über die Pflicht des Menschen und des Bürgers nach dem Gesetz der Natur, hrsg. von K. Luig, Insel, Frankfurt am Main 1994, S. 78 bis 81; R. Rorty, Solidarität oder Objektivität, S. 68; A. Verdross, Statisches und dynamisches Naturrecht, Rombach, Freiburg 1971, S. 104 f.; Origines, Vier Bücher von den Prinzipien (III, 6, 1), übers. von H. Görgemanns und H. Karpp, Wiss. Buchgesellschaft, Darmstadt 1958, S. 643 f.; Leo der Große, Sämtliche Predigten, übers. von T. Steeger, Kösel, München 1927, S. 41 ff., 79 und 121; Th. v. Aquin, Summa Theologica, übers. von Dominikanern und Benediktinern Deutschlands und Österreichs, hrsg. von der Albertus-Magnus-Akademie Walberberg bei Köln, Styria Verlag, Heidelberg, Graz, Wien und Köln 1981, I: Frage 93, Art. 4 und II-II, Frage 32, Art. 5; N. Hoerster, Ethik des Embryonenschutzes, Ein rechtsphilosophischer Essay, Reclam, Stuttgart 2002, S. 12 bis 25: G. Dürig, Die Menschenauffassung des Grundgesetzes, in: Juristische Rundschau 7 (1952) 259 bis 261; R. Spaemann, Über den Begriff der Menschenwürde, in: Böckenförde und Spaemann (Hrsg.), Menschenrechte und Menschenwürde, Klett-Cotta, Stuttgart 1987, S. 297 bis 306 und 313; E. Böckenförde, Bleibt die Menschenwürde unantastbar? in: ders., Recht, Staat, Freiheit, Suhrkamp, Frankfurt am Main 2006, S. 407 bis 419; I. Kant, Grundlegung zur Metaphysik der Sitten, hrsg. von T. Valentiner, Reclam, Stuttgart 2012, Zweiter Abschnitt (S. 63, 65 und 72); M. Kriele, Befreiung und politische Aufklärung, Plädoyer für die Würde des Menschen, Herder, Freiburg im Breisgau 1986, S. 49, 52 bis 55; P. Foot, Die Wirklichkeit des Guten, Moralphilosophische Aufsätze, hrsg. von U. Wolf, Fischer, Frankfurt am Main 1997, S. 186 bis 196; Pico della Mirandola, Über die Würde des Menschen, übers. von G. Gönna, Reclam, Stuttgart 2012; H. Pačić, Das strikte Recht: Zivilrecht (2019), Rz. 8 ff.

Naturwissenschaft vermag nicht *alles* profan zu erklären.[182] Zu spüren, wohin *hic et nunc* alles tendiert, heißt Inspiration.[183] Wie von *religiöser* Inspiration geredet wird, zeigt uns nicht, von *wem* (wovon) die Rede ist, sondern *was* (damit) gemeint ist: Das Ethische ist heilig.[184] Die Sage von *dem* Bösen spricht an, dass eine Eingebung zu *Un*ethischem (Sünde) anhalten kann; daraus *folgt* nicht, dass es richtig ist.[185] Religiöser Fanatismus bekundet seine Irreligiosität.[186]

---

[182] Vgl. L. Wittgenstein, Tractatus 6.371 und 6.372; Tagebücher 6.5.1916; Vorlesungen, Philosophie (1932/33) S. 164 f.

[183] Vgl. L. Wittgenstein, Tagebücher 1.8.1916.

[184] Vgl. L. Wittgenstein, Vermischte Bemerkungen, S. 454, 521; Bemerkungen über Frazers *Golden Bough*, in: ders., Vortrag über Ethik und andere kleine Schriften⁶ (2012), S, 32.

[185] Vgl. L. Wittgenstein, Tractatus 5.1363; Vermischte Bemerkungen, S. 573; Müller-Dietz, Rechtsgefühl, Schuldgefühl, Vergeltungs- und Sühnebedürfnis, in: E. Lampe (Hrsg.), Das sogenannte Rechtsgefühl, Westdeutscher Verlag, Opladen 1985, S. 37 bis 56.

[186] Vgl. L. Wittgenstein, Vermischte Bemerkungen, S. 468; M. Gandhi, Gewaltfreiheit, Auszüge aus Reden und Schriften, hrsg. von Dharampal-Frick, Reclam, Stuttgart 2014, Kapitel 2: Der Mensch des Glaubens.

Religion ist Rat und Ritus, Religiosität ist Kritik *gegebener* Verhältnisse aus *Humanität*, in Zuversicht; Weltanschauung heißt: *Ausdruck* der Persönlichkeit (des Selbst), *nicht* (nur) des Charakters.[187] Die Anschauungs*weise* trägt das Weltbild.[188]

---

[187] Vgl. L. Wittgenstein, Vermischte Bemerkungen, S. 490 f., 525 und 538; Vorlesungen über den religiösen Glauben, in: Vorlesungen und Gespräche, hrsg. von C. Barrett (2005), S. 81; B. Pascal, Das Ich besteht nur in meinem Denken (2017), Nr. 70, 72, 74 (188/267, 423/277, 424/278); K. Gibran, Der Prophet, übers. von T. Kierdorf, Reclam, Stuttgart 2013, Kapitel 26: Religion; G.E. Lessing, Nathan der Weise, Ein dramatisches Gedicht in fünf Aufzügen, Anmerkungen von P. v. Düffel, Reclam, Stuttgart 2017, 2. Aufzug, 5. Auftritt; J.G. Herder, Ideen zur Philosophie der Geschichte der Menschheit II, Aufbau Verlag, Berlin und Weimar 1965, S. 214, 219; ders., Briefe zur Beförderung der Humanität, Greifenverlag, Rudolstadt (o. J.), S. 60 f.; K. Rahner und H. Vorgrimler, Kleines Konzilskompendium, Herder, 35. Auflage, Freiburg im Breisgau 2008, S. 661 bis 663; K. Knott, Der Hinduismus, übers. von E. Schöller, 2. Auflage, Reclam, Stuttgart 2009; D. Keown, Der Buddhismus, übers. von E. Schöller und S. Lenz, Reclam, Stuttgart 2014; N. Solomon, Das Judentum, übers. von E. Schöller, 6. Auflage, Reclam, Stuttgart, 2013; D. Hume, Dialoge über natürliche Religion, übers. von N. Hoerster, Reclam, Stuttgart 2011; A. Augustinus, Über die wahre Religion, übers. von W. Thimme, Reclam, Stuttgart 2020; I. Kant, Die Religion innerhalb der Grenzen der bloßen Vernunft, hrsg. von R. Malter, Reclam, Stuttgart 2012; Mark Aurel, Selbstbetrachtungen, übers. von A. Wittstock, Reclam, Stuttgart 2012; J. Roloff, Einführung in das Neue Testament, Reclam, 7. Aufl., Stuttgart 2012; M. Köckert, Die zehn Gebote, C.H.Beck, 2. Aufl., München 2013; H. Pačić, Die Rechtsethik der Rechtschaffenen: Eine Rechtstheologie auf der Grundlage der Vernunft, JRP 27 (2019), S. 10 bis 23.
[188] Vgl. L. Wittgenstein, Philosophische Untersuchungen, § 144; Vorlesungen, Philosophie (1932/33) S. 192 f.; Detel, Erkenntnis- und Wissenschaftstheorie, S. 88; T. Kobusch, Selbstwerdung und Personalität, Mohr Siebeck, Tübingen 2018; R. Walter, C. Jabloner und K. Zeleny (Hrsg.), 30 Jahre Hans-Kelsen-Institut, Manz, Wien 2003, Abschnitt 2: Weltanschauung in der Staatsform, Zur Erinnerung an Hans Kelsen.

Gleichnisse, die sich nicht auflösen lassen, weil sie für nichts *in* der Welt stehen, *klären auf* über Weisheit, das ist: der Sinn der Welt, des Lebens.[189] Dieser kann nicht *in* ihr, sondern muss außerhalb von ihr liegen, denn alles, was weltlich ist, ist logisch gesehen: zufällig.[190] Das (rituelle) Gebet ist unter anderem ein Gedenken an den Sinn des Lebens; zu *glauben* heißt, die Frage nach dieser Weisheit zu *verstehen*.[191] Der Glaube befriedet die Seele, nicht den Verstand; er handelt nicht von der Wahrheit, sondern von: Glaubwürdigkeit, von: Freiheit aus Liebe, Frieden infolge von Vertrauen (Hingabe).[192]

---

[189] Vgl. L. Wittgenstein, Ethik, S. 16 f. sowie 18 f.; Tractatus 4.015 bis 4.02; Tagebücher 18.5.1915; A. Schoppenhauer, Die beiden Grundprobleme der Ethik, Über die Grundlage der Moral, in: ders., Sämtliche Werke, hrsg. von W. Löhneysen, Band 3, Cotta und Suhrkamp, Stuttgart und Frankfurt am Main 1978, S. 695 f.; R.A. Zwaan und C.J. Madden, Embodied sentence comprehension, in: D. Pecher und R.A. Zwaan (Hrsg.) Grounding cognition: The role of perception and action in memory, language, and thinking, Cambridge 2005, S. 224 bis 245; A.M. Glenberg, Language and action: creating sensible combinations of ideas, in: G. Gaskell (Hrsg.), Handbook of Psycholinguistics, Oxford 2007, S. 361-371; F. Pulvermüller, Brain mechanism linking language and action, Nature Reviews Neuroscience 6 (2005) 576 bis 582; D.C. Richardson, M.J. Spivey, L.W. Barslou und K. McRae, Spatal representation activated during real-time comprehension of verbs, Cognitive Science 27 (2003) 767 bis 780; Aristoteles, Metaphysik, Schriften zur Ersten Philosophie, übers. von F.F. Schwarz, Reclam, Stuttgart 2013, I. Buch (A); I. Kant, Beantwortung der Frage: Was ist Aufklärung? in: Was ist Aufklärung Thesen und Definitionen, hrsg. von E. Bahr, Stuttgart 1974, S. 8 bis 17 (9).
[190] Vgl. L. Wittgenstein, Tractatus 6.41; Tagebücher 11.6.1916.
[191] Vgl. L. Wittgenstein, Tagebücher 11.6. und 8.7.1916; Bemerkungen über Frazers Golden Bough, S, 35.
[192] Vgl. L. Wittgenstein, Vermischte Bemerkungen, S. 496, 514, 551 und 571; Ethik, S. 14 und 16.

Insofern die Fraktionen im Parlament das in *dieses* gesetzte Vertrauen der in politische Parteien gegliederten Wählerschaft *nicht* missbrauchen, repräsentieren sie die Bevölkerung in der Demokratie, *ohne* sie zu vertreten: *indem* sie (frei) für diese (arbeitsteilig) eintreten, sie (sozusagen) operativ abbilden.[193]

Die Demokratie ist die *Geltung* des Rechts, insoweit es vom (Wahl-)Volk ausgeht, vernünftig (sachlich) begründet und der Menschen*würde* gerecht wird; sie *ist also* die Volkssouveränität (höchst-)selbst.[194]

---

[193] Vgl. H. Kelsen, Vom Wesen und Wert der Demokratie 2. Aufl., J.C.B. Mohr, Tübingen 1929, Nachdruck: Reclam, Stuttgart 2018, mit einem Nachwort von K. Zeleny.

[194] Vgl. H. Pačić, Europäische Demokratie, Der Unionsbegriff der Demokratie als Inbegriff der menschengerechten Rechtsstaatlichkeit, FH des BFI Wien, Working Paper Series Nr. 109/2019; J. Austin, The Province of Jurisprudence Determined, Weidenfeld und Nicolson, London 1955, S. 193 ff.; M.T. Cicero, Über den Staat, Erstes Buch [25 (39)]; J. Bodin, Über den Staat, übers. von G. Niedhart, Reclam, Stuttgart 2011, Buch I, 8. Kapitel, und: Buch II, 1. Kapitel; A. Verdross, Statisches und dynamisches Naturrecht, S. 104 f.; M. Frick, Zivilisiert streiten, Zur Ethik der politischen Gegnerschaft, Reclam, Stuttgart 2018, S. 48 ff.; Pico d. Mirandola, Über die Würde des Menschen, übers. von G. Gönna, Reclam, Stuttgart 2012.

Das Vernunftrecht ist der *Ahn* moderner Rechtsstaatlichkeit, die Rechtswissenschaft ist allzeit *auch* Staatswissenschaft; der Wissenschaft *Wesen* ist Wahrheit, Wissenschaftlichkeit ist eine (Geistes-)Haltung.[195]

---

[195] Vgl. H. Kelsen, Was ist Gerechtigkeit? (Wien 1953), im Nachdruck: Reclam, Nachwort von R. Walter, Stuttgart 2010; Aristoteles, Nikomachische Ethik, Reclam, Stuttgart 2013, Buch II; H. Pačić, Katholische Rechtslehre, Der Codex Iuris Canonici aus dem Jahr 1983, FH des BFI Wien, Working Paper Series Nr. 106/2019; H. Pačić, Islamische Rechtslehre, Manz, Wien 2014, Schlusswort; Platon, Apologie des Sokrates, übers. von M. Fuhrmann, Reclam, Stuttgart 2017; W. Heisenberg, Quantentheorie und Philosophie, hrsg. von J. Busche, Reclam, Stuttgart 2012: Über die Verantwortung des Forschers; H. Kelsen, Hauptprobleme der Staatsrechtslehre, J.C.B. Mohr, 2. Aufl., Tübingen 1923, Nachdr. Scientia Aalen 1960; H. Mayer, C. Jabloner, G. Kucsko-Stadlmayer, R. Lauren, K. Ringhofer und R. Thienel (Hrsg.), Staatsrecht in Theorie und Praxis, Festschrift Robert Walter, Manz, Wien 1991; E. Böckenförde, Geschichte der Rechts- und Staatsphilosophie, Mohr Siebeck, Tübingen 2002; I. Kant, Zum ewigen Frieden, hrsg. von R. Malter, Reclam, Stuttgart 2008.

Mit der Lösung aller *möglichen* Fragen aller Wissenschaften bliebe keine Frage mehr offen, obwohl wir *fühlen*, dass unsere Lebensfragen unberührt blieben.[196]

Also ist *dies* die Antwort.[197]

[196] Vgl. L. Wittgenstein, Tractatus 6.52; Tagebücher 25.5.1915; J.F. Lyotard in: P. Engelmann (Hrsg.), Postmoderne und Dekonstruktion, Texte französischer Philosophen der Gegenwart, Reclam, Stuttgart 1990, S. 48.
[197] Vgl. L. Wittgenstein, Tractatus 6.52 und 6.521; Tagebücher 6.7.1916.

Nachwort.

LUDWIG WITTGENSTEIN schloss seinen *Tractatus* mit den Worten, wovon man nicht sprechen (reden) könne, darüber *müsse* man schweigen;[198]

aber, warum?

Ich nehme an, um zu (er-)*schauen, wie* sich im unsagbaren Lebensgefühl als Gefühl, der *Weg* sei von (An-)Beginn an das (End-)Ziel, *zeigt* (eröffnet), dass die(se) Welt *nicht* alles ist.[199]

---

[198] Vgl. L. Wittgenstein, Tractatus 7; Tagebücher 2.12.1916.
[199] Vgl. L. Wittgenstein, Tractatus 6.521 bis 7; Tagebücher 6.7. und 8.7.1916; B. Han, Abwesen, Merve, Berlin 2007, S. 112 f., 132; F. Ramsey in: Schulte, Texte zum Tractatus (1989), S. 31; H. Pačić, Rechtsethik des Daoismus, Eine Lesart des Tao-Te-King zur Philosophie des Weges im Streifzug durch seine 2 Bücher und 81 Kapitel, FH des BFI Wien, Working Paper Series Nr. 105/2019; H. Tetens, Wittgensteins »Tractatus«, Reclam, Stuttgart 2009, Vorwort, und: Wittgensteins Selbstkritik am *Tractatus*.

Schrifttum.

Adler, Über den Ursprung des Strebens nach Überlegenheit und des Gemeinschaftsgefühls, Int. Zeits. für Individualpsychologie 11 (1932) 275 bis 263.

Al-Farabi, Die Prinzipien der Ansichten der Bewohner der vortrefflichen Stadt, übers. von Ferrari, Reclam, Stuttgart 2009.

Alston, A Realist Conception of Truth, Cornell University Press, Ithaca und London 1996.

Andrych, Bracey, Dalglish, Lenk und Wood, Images of Mithra, Oxford University Press, Oxford 2017.

Anscombe, An Introduction to Wittgenstein's Tractatus, Hutchinson, London 1959.

Anscombe, Moderne Moralphilosophie, übers. von Scholz, in: Grewendorf und Meggle (Hrsg.), Sprache und Ethik, Suhrkamp, Frankfurt am Main 1974.

Apel, Transformation der Philosophie, Band 2: Das Apriori der Kommunikationsgemeinschaft, Suhrkamp, Frankfurt am Main 1988.

Aristoteles, Die Kategorien, übers. von Rath, Reclam, Stuttgart 2012.

Aristoteles, Metaphysik, Schriften zur Ersten Philosophie, übers. von Schwarz, Reclam, Stuttgart 2013.

Aristoteles, Nikomachische Ethik, übers. von Dirlmeier, Reclam, Stuttgart 2013.

Aristoteles, Politik, Schriften zur Staatstheorie, übers. von Schwarz, Reclam, Stuttgart 2010.

Aristoteles, Rhetorik, übers. von Krapinger, Reclam, Stuttgart 2012.

Aristoteles, Topik, übers. von Wagner und Rapp, Reclam, Stuttgart 2004.

Aristoteles, Über die Seele, übers. von Krapinger, Reclam, Stuttgart 2011.

Aristoteles, Über die Welt, übers. von Schönberger, Reclam, Stuttgart 2009.

Augustinus, Bekenntnisse, übers. von Flasch und Mojsisch, Reclam, Stuttgart 2009.

Augustinus, Über das Glück, übers. von Schwarz-Kirchenbauer und Schwarz, Reclam, Stuttgart 2011.

Austin, The Province of Jurisprudence Determined, Weidenfeld und Nicolson, London 1955.

Averroes (Ibn Rushd), Die entscheidende Abhandlung, übers. von Schaerer, Reclam, Stuttgart 2010.

Barrett und Gibson (Hrsg.), Perspectives on Quine, Blackwell, Cambridge 1990.

Baumann, Erkenntnistheorie, Metzler, Stuttgart 2002.

Baumgarten, Ästhetik, Band 1, Meiner, Hamburg 2007.

Benedikt und Burger (Hrsg.), Bewußtsein, Sprache und die Kunst, Verlag der österreichischen Staatsdruckerei, Wien 1988.

Benjamin, Über die Sprache überhaupt und über die Sprache des Menschen, hrsg. von Lönker, Reclam, Stuttgart 2019.

Bentham, Eine Einführung in die Prinzipien der Moral und der Gesetzgebung, in: Höffe (Hrsg.), Einführung in die utilitaristische Ethik, 3. Auflage, Fracke, Tübingen 1992, S. 55 bis 83.

Berka und Kreiser (Hrsg.), Logik-Texte, Kommentierte Auswahl zur Geschichte der modernen Logik, Akademie, Berlin 1971.

Bien, Glück – was ist das? Knecht, Frankfurt am Main 1999.

Bieri (Hrsg.), Analytische Philosophie des Geistes, Athenäum, Bodenheim 1993.

Böckenförde, Bleibt die Menschenwürde unantastbar? in: Recht, Staat, Freiheit, Suhrkamp, Frankfurt am Main 2006.

Böckenförde, Geschichte der Rechts- und Staatsphilosophie, Mohr Siebeck, Tübingen 2002.

Bodin, Über den Staat, übers. von Niedhart, Reclam, Stuttgart 2011.

Brandl und Gombocz (Hrsg.), The Mind of Donald Davidson, Rodopi, Amsterdam 1989.

Brandom, Begründen und Begreifen, Eine Einführung in den Inferentialismus, übers. von Gilmer, Suhrkamp, Frankfurt am Main 2001.

Brandt, Philosophie, Eine Einführung, Reclam, Stuttgart 2003.

Brunner, Conze und Koselleck (Hrsg.), Geschichtliche Grundbegriffe, Historisches Lexikon zur politisch-sozialen Sprache in Deutschland, Band IV, Klett-Cotta, Stuttgart 1978.

Burn, Griechische Mythen, Reclam, Stuttgart 2016.

Büttemeyer, Logik zur Einführung, Junius, Hamburg 2014.

Bydlinski, Krejci, Schilcher und Steininger (Hrsg.), Das Bewegliche System im geltenden und künftigen Recht, Springer, Wien 1986.

Calliess, Fischer-Lescano, Wielsch und Zumbansen (Hrsg.), Soziologische Jurisprudenz, Festschrift für Teubner, De Gruyter, Berlin 2009.

Canterbury, Proslogion, Anrede, übers. von R. Theis, Reclam, Stuttgart 2005.

Carnap, Bedeutung und Notwendigkeit, Springer, Wien 1972.

Cavell, The Claim of Reason, Oxford University Press 1979.

Celikates und Gosepath, Politische Philosophie, Reclam, Stuttgart 2013.

Cicero, De fato, in: Long und Sedley (Hrsg.), Die hellenistischen Philosophen, übers. von Hülser, Metzler, Stuttgart 2000.

Cicero, De officiis, Reclam, Stuttgart 1976.

Cicero, Über das Wesen der Götter, übers. von Blank-Sangmeister, Reclam, Stuttgart 2011.

Cicero, Über den Staat, übers. von Sontheimer, Reclam, Stuttgart 2011.

Damler, Rechtsästhetik, Sinnliche Analogien im juristischen Denken, Duncker & Humblot, Berlin 2016.

Danto, Die Verklärung des Gewöhnlichen, Eine Philosophie der Kunst, übers. von Looser, Suhrkamp, Frankfurt am Main 1984.

Davidson, Der Mythos des Subjektiven, Philosophische Essays, hrsg. von Schulte, Reclam, Stuttgart 2007.

Davidson, Wahrheit und Interpretation, übers. von Schulte, 3. Auflage, Suhrkamp, Frankfurt am Main 1999.

Deleuze und Gattari, Was ist Philosophie? Übers. von Schwibs und Vogl, Suhrkamp, Frankfurt am Main 2000.

Demokrit, Fragmente zur Ethik, übers. und komm. von Ibscher, Reclam, Stuttgart 2007.

Derrida, Einige Statements und Binsenweisheiten über Neulogismen, New-Ismen, Post-Ismen, Parasitismen und andere kleine Seismen, übers. von Lüdemann, Merve, Berlin 1997.

Derrida, Randgänge der Philosophie, Passagen-Verl., Wien 1988.

Descartes, Meditationen über die Erste Philosophie, übers. von Schmidt, Reclam, Stuttgart 2012.

Detel, Erkenntnis- und Wissenschaftstheorie, Reclam, Stuttgart 2008.

Detel, Logik, 2. Auflage, Reclam, Stuttgart 2009.

Detel, Philosophie des Geistes und der Sprache, 2. Auflage, Reclam, Stuttgart 2011.

Detel, Philosophie des Sozialen, Reclam, Stuttgart 2013.

Dietrich, Sprache und Wirklichkeit in Wittgensteins Tractatus, Niermayer, Tübingen 1973.

Dürig, Die Menschenauffassung des Grundgesetzes, Juristische Rundschau 7 (1952) 259 bis 261.

Dworkin, Was ist Gleichheit? übers. von Schmidt-Petri, Suhrkamp, Frankfurt am Main 2011.

Echnaton, Sonnenhymnen, übers. von Bayer, Reclam, Stuttgart 2012.

Ehrenzweig, Psychoanalytische Rechtswissenschaft, Duncker & Humblot, Berlin 1973.

Emerson, Natur, Ein Essay, übers. von M. Pütz und G. Krieger, Reclam, Stuttgart 2019.

Engelmann, Postmoderne und Dekonstruktion, Reclam, Stuttgart 1990.

Epiktet, Handbüchlein der Moral, übers. von Steinmann, Reclam, Stuttgart 2012.

Epikur, Briefe, Sprüche, Werkfragmente, übers. von Krautz, Reclam, Stuttgart 2000.

Epley, Waytz und Cacioppo, On seeing Human, A Thee-Factor Theory of Anthropomorphism, Psychological Review 114 (2007) 864 bis 886.

Esser, Vorverständnis und Methodenwahl in der Rechtsfindung, Athenäum Fischer, Frankfurt am Main 1972.

Ewing, Ethik, Eine Einführung, übers. von Goebel, Felix Meiner, Hamburg 2014.

Feyerabend, Erkenntnis für freie Menschen, Suhrkamp, Frankfurt am Main 1992.

Flasch, Was ist Gott? Das Buch der 24 Philosophen, C.H. Beck, 3. Auflage, München 2013.

Fogelin, Wittgenstein, Routledge & Kegan Paul, London 1976.

Foot, Die Wirklichkeit des Guten, Moralphilosophische Aufsätze, hrsg. von Wolf, Fischer, Frankfurt am Main 1997.

Foot, Die Wirklichkeit des Guten, Moralphilosophische Aufsätze, hrsg. von Wolf und Leist, Fischer, Frankfurt am Main 1997.

Forschner, Über das Glück des Menschen, Wissenschaftliche Buchgesellschaft, Darmstadt 1993.

Foucault, Ethos der Moderne, hrsg. von Erdmann, Forst und Honneth, Campus, Frankfurt am Main 1990.

Frankena, Analytische Ethik, Eine Einführung, übers. von Hoerster, Deutscher Taschenbuch-Verlag, München 1972.

Frankena, Some Beliefs about Justice, Lindley Lecture, The University of Kansas, Lawrence 1966.

Frege, Der Gedanke, Eine logische Untersuchung, in: Beiträge zur Philosophie des deutschen Idealismus 1 (1918/19) 58-77, abgedruckt in: G. Frege: Logische Untersuchungen (1966), hrsg. von G. Patzig, 2. Auflage, Göttingen 1976.

Frege, Funktion, Begriff, Bedeutung, Vanderhoeck und Ruprecht, Göttingen 1994.

Frick, Zivilisiert streiten, Zur Ethik der politischen Gegnerschaft, Reclam, Stuttgart 2018.

Funk, Rechtswissenschaft als Erkenntnis und kommunikatives Handeln, JRP 2000, S. 65.

Gabriel, Grundprobleme der Erkenntnistheorie, Schöningh, Paderborn 1993.

Gandhi, Gewaltfreiheit, Auszüge aus Reden und Schriften, hrsg. von Dharampal-Frick, Reclam, Stuttgart 2014.

Gardner, Römische Mythen, Reclam, Stuttgart 2016.

Geldsetzer und Hong, Chinesische Philosophie, Eine Einführung, Reclam, Stuttgart 2008.

Gibran, Der Prophet, übers. von Kierdorf, Reclam, Stuttgart 2013.

Gilligan, Die andere Stimme, Lebenskonflikte und Moral der Frau, übers. von Stein, Piper, München 1984.

Glasenapp (Hrsg.), Bhagavadgita, Das Lied der Gottheit, übers. von Boxberger, Reclam, Stuttgart 2017.

Glenberg, Language and action: creating sensible combinations of ideas, in: Gaskell (Hrsg.), Handbook of Psycholinguistics, Oxford 2007, S. 361 bis 371.

Goethe, Faust, Der Tragödie Erster Teil, Reclam, Stuttgart 2003.

Goodman, Sprachen der Kunst, Entwurf einer Symboltheorie, übers. von Philippi, Suhrkamp, Frankfurt am Main 1995.

Goodman, Tatsache, Fiktion, Voraussage, übers. von Vetter, Suhrkamp, Frankfurt am Main 1988.

Green, Keltische Mythen, Reclam, Stuttgart 2016.

Greve und Schnabel (Hrsg.), Emergenz, Zur Analyse und Erklärung komplexer Strukturen, Suhrkamp, Frankfurt am Main 1917.

Griffin, Wittgenstein's Logical Atomism, Claredon Press, Oxford 1964.

Griller und Rill (Hrsg.), Rechtstheorie, Rechtsbegriff – Dynamik – Auslegung, Springer, Wien 2011.

Grundmann, Philosophische Wahrheitstheorien, Reclam, Stuttgart 2018.

Gunsar (Übers.), Reden des Buddha, Reclam, Stuttgart 2015.

Habermas, Vorstudien und Ergänzungen zur Theorie des kommunikativen Handelns, Suhrkamp, Frankfurt am Main 1995.

Hafenkamp, Richter, Gesetz und juristische Methode in der Wertungsjurisprudenz, ZfPW 2016, S. 319 bis 334.

Haidt, Rozin, McCauley und Imada, Body psyche, and culture, The relationship between disgust and morality, Psychology and Developing Societies 9 (1997) 107 bis 131.

Han, Abwesen: Zur Kultur und Philosophie des Fernen Ostens, Merve, Berlin 2007.

Hare, Moralisches Denken: seine Ebenen, seine Methode, sein Witz, übers. von Fehige und Meggle, Suhrkamp, Frankfurt am Main 1992.

Hart (G.), Ägyptische Mythen, Reclam, Stuttgart 2016.

Hart (H.L.A.), Legal and Moral Obligation, in: Melden (Hrsg.), Essays in Moral Philosophy, University of Washington Press, Seattle und London 1958.

Hart (H.L.A.), The Concept of Law, The Clarendon Press, Oxford 1961.

Hartig-Perschke, Anschluss und Emergenz, VS, Wiesbaden 2009.

Hayek, Die Verfassung der Freiheit, J.C.B. Mohr, Tübingen 1971.

Hegel, Grundlinien der Philosophie des Rechts oder Naturrecht und Staatswissenschaft im Grundrisse, hrsg. von Lakebrink, Reclam, Stuttgart 2009.

Heidegger, Was heißt Denken? Vorlesung WS 1951/52, Nachwort von H. Hüni, Reclam, Stuttgart 2013.

Heidegger, Was ist Metaphysik? 16. Aufl., Vittorio Klostermann, Frankfurt am Main 2007.

Heisenberg, Quantentheorie und Philosophie, Vorlesungen und Aufsätze, hrsg. von Busche, Reclam, Stuttgart 2012.

Hempel, Aspekte wissenschaftlicher Erklärung, übers. von Lenzen, de Gruyter, Berlin 1977.

Herder, Briefe zur Beförderung der Humanität, Der Greifenverlag, Rudolstadt (ohne Jahr).

Herder, Ideen zur Philosophie der Geschichte der Menschheit, Band II, Aufbau Verlag, Berlin und Weimar 1965.

Hobbes, Leviathan, Erster und zweiter Teil, übers. von Mayer, Reclam, Stuttgart 2010.

Hoerster, Ethik des Embryonenschutzes, Reclam, Stuttgart 2002.

Hoerster, Gibt es eine moralische Verpflichtung zum Rechtsgehorsam? in: Logik, Ethik, Theorie der Geisteswissenschaften, XI. Deutscher Kongreß für Philosophie, Göttingen 1975, bei F. Meiner, Hamburg 1977.

Hoerster, Was ist eine gerechte Gesellschaft? Eine philosophische Grundlegung, C.H. Beck, München 2013.

Hoerster, Was ist Moral? Eine philosophische Einführung, Reclam, Stuttgart 2009.

Höffe, Gerechtigkeit, Beck, München 2001.

Holzleithner, Gerechtigkeit, Facultas, Wien 2009.

Honderich, Wie frei sind wir? Das Determinismus-Problem, Reclam, Stuttgart 1995.

Honsell und Mayer-Maly, Rechtswissenschaft, 6. Aufl., Berlin und Heidelberg 2015.

Horn, Einführung in die Politische Philosophie, Wissenschaftliche Buchgesellschaft, Darmstadt 2003.

Hossenfelder, Antike Glückslehren, Kröner, Stuttgart 1996.

Hoyningen-Huene, Formale Logik, Reclam, Stuttgart 2018.

Hume, Dialoge über natürliche Religion, übers. von Hoerster, Reclam, Stuttgart 2011.

Hume, Eine Untersuchung über den menschlichen Verstand, übers. von H. Herring, Reclam, Stuttgart 2013.

Hume, Eine Untersuchung über die Prinzipien der Moral, übers. und hrsg. von Streminger, mit einem Nachwort von Brosow, Reclam, Stuttgart 2012.

Huwiler, Der Begriff der Zession in der Gesetzgebung seit dem Vernunftrecht, Zugleich ein Beitrag zur Entwicklung der vermögensrechtlichen Lehren, Schulthess, Zürich 1975.

Kalscheuer, Kants Theorie der Abwägung, ARSP 2013, 499.

Kambartel, »Der Löwe spricht ... und wir können ihn nicht verstehen«, Ein Symposion an der Univ. Frankfurt anlässlich des hundertsten Geburtstags von L. Wittgenstein, Suhrkamp, Frankfurt am Main 1991.

Kant, Anthropologie in pragmatischer Hinsicht, hrsg. von Becker, Reclam, Stuttgart 1983.

Kant, Beantwortung der Frage: Was ist Aufklärung? in: Was ist Aufklärung Thesen und Definitionen, hrsg. von Bahr, Stuttgart 1974.

Kant, Die Religion innerhalb der Grenzen der bloßen Vernunft, hrsg. von Malter, Reclam, Stuttgart 2012.

Kant, Grundlegung zur Metaphysik der Sitten, hrsg. von Valentiner, Reclam, Stuttgart 2012.

Kant, Kritik der reinen Vernunft, hrsg. von Heidemann, Reclam, Stuttgart 2013.

Kant, Was heißt: sich im Denken orientieren? in: derselbe, Werke in 12. Bänden, hrsg. von W. Weischedel, Band 5, Frankfurt am Main 1968, S. 267 bis 283.

Kant, Zum ewigen Frieden, hrsg. von Malter, Reclam, Stuttgart 2008.

Kelsen, Hauptprobleme der Staatsrechtslehre, J.C.B. Mohr, 2. Aufl., Tübingen 1923, Nachdruck: Scientia Aalen 1960.

Kelsen, Reine Rechtslehre, 2. Aufl., Verlag Österreich, Wien 2000.

Kelsen, Vom Wesen und Wert der Demokratie, mit Nachwort von Zeleny, Reclam, Stuttgart 2018.

Kelsen, Was ist Gerechtigkeit? Reclam, Stuttgart 2010, Nachdruck der Schrift im Verlag Deuticke, Wien 1953, mit einem Nachwort von R. Walter.

Kenny, Wittgenstein, Allen Lane The Penguin Press, London1973.

Keown, Der Buddhismus, übers. von Schöller und Lenz, Reclam, Stuttgart 2014.

Kloft, Mysterienkulte der Antike, 4. Auflage, C.H. Beck, München 2010.

Knott, Der Hinduismus, übers. von Schöller, 2. Auflage, Reclam, Stuttgart 2009.

Kobusch, Selbstwerdung und Personalität, Mohr Siebeck, Tübingen 2018.

Köckert, Die zehn Gebote, C.H. Beck, 2. Auflage, München 2013.

Konfuzius, Das Buch von Maß und Mitte, hrsg. von Fellmann, Reclam, Stuttgart 2015.

Konfuzius, Gespräche, übers. von Moritz, Reclam, Stuttgart 2008.

Kriele, Befreiung und politische Aufklärung, Plädoyer für die Würde des Menschen, Herder, Freiburg im Breisgau 1986.

Kripke, Naming an Necessity, in: Davidson und Hartmann (Hrsg.), Semantics of Natural Language, Reidel, 2. Auflage, Dordrecht und Boston 1972.

Krohn und Küppers (Hrsg.), Emergenz: Die Entstehung von Ordnung, Organisation und Bedeutung, Suhrkamp, Frankfurt am Main 1992.

Kube, Mellinghoff, Morgenthaler, Palm, Puhl und Seiler (Hrsg.), Leitgedanken des Rechts zu Staat und Verfassung, C.F. Müller, Heidelberg 2015.

Kuhn, Die Entstehung des Neuen, Studien zur Struktur der Wissenschaftsgeschichte, hrsg. von Krüger, übers. von Vetter, Suhrkamp, Frankfurt am Main 1978.

Kuhn, Die Struktur wissenschaftlicher Revolutionen, übers. von Simon und Vetter, 2. Aufl., Suhrkamp, Frankfurt am Main 2003.

Kutschera und Breitkopf, Einführung in die moderne Logik, Alber, 9. Auflage, Freiburg und München 2014.

Kutschera, Einführung in die Logik der Normen, Werte und Entscheidungen, Karl Alber, Freiburg und München 1973.

Ladeur, Computerkultur und Evolution der Methodendiskussion in der Rechtswissenschaft, ARSP 74 (1988) 218 bis 238.

Ladeur, Gesetzesinterpretation, „Richterrecht" und Konventionsbildung in kognitivistischer Perspektive, ARSP 77 (1991) 176 bis 194.

Lakoff und Johnson, Leben in Metaphern, 6. Auflage, Carl-Auer, Heidelberg 2008.

Lakoff, The Natural Theory of Metaphor, in: Gibbs (Hrsg.), The Cambridge Handbook of Metaphor and Thought 2008.

Lambert und Brittan, Eine Einführung in die Wissenschaftsphilosophie, übers. von Schulte, de Gruyter, Berlin 1991.

Lampe (Hrsg.), Das sogenannte Rechtsgefühl, Westdeutscher Verlag, Opladen 1985.

Leibniz, Die Theodizee von der Güte Gottes, der Freiheit des Menschen und dem Umgang mit Ursprung des Übels, in: ders., Sämtliche Schriften und Briefe, Akademie Verlag, Darmstadt 1985.

Leibniz, Fünf Schriften zur Logik und Metaphysik, übers. von Herring, Reclam, Stuttgart 2009,

Leibniz, Hauptschriften zur Grundlegung der Philosophie, übers. von Buchenau, Meiner, Hamburg 1996.

Leibniz, Monadologie, hrsg. von Herring, Meiner, Hamburg 1956.

Leo der Große, Sämtliche Predigten, übers. von T. Steeger, Kösel, München 1927.

Lessing, Nathan der Weise, Ein dramatisches Gedicht in fünf Aufzügen, Anmerkungen von Düffel, Reclam, Stuttgart 2017.

Locke, Über die Regierung, übers. von Tidow, Reclam, Stuttgart 2011.

Locke, Versuch über den menschlichen Verstand, übers. von Winckler, Meiner, Hamburg 2000.

Lorenzen, Methodisches Denken, Suhrkamp, Frankfurt am Main 1968.

Lüdeking, Analytische Philosophie der Kunst, Eine Einführung, Fink, München 1998.

Luhmann, Aufsätze und Reden, hrsg. von Jahraus, Reclam, Stuttgart 2011.

Luhmann, Das Recht der Gesellschaft, Suhrkamp, Frankfurt am Main 1993.

Luhmann, Die Codierung des Rechtssystems, Rechtstheorie 17 (1986) 171.

Luhmann, Die Paradoxie des Entscheidens, Verwaltungsarchiv 84 (1993) 287 bis 310.

Luhmann, Rechtssystem und Rechtsdogmatik, Kohlhammer, Mainz, Stuttgart, Berlin und Köln 1974.

Luig, Zur Geschichte der Zessionslehre, Böhlau, Köln 1966.

Luther, Tischreden, hrsg. von Aland, Reclam, Stuttgart 1998.

Lutz-Bachmann, Ethik, Reclam, Stuttgart 2017.

Mackie, Das Wunder des Theismus, Argumente für und wider die Existenz Gottes, übers. von R. Ginters, Reclam, Stuttgart 1985.

MacLeod, Principles of Economical Philosophy, Band I, 2. Auflage, Longmans, London 1872.

Malcolm, Nothing is Hidden, Blackwell, Oxford 1986.

Mark Aurel, Selbstbetrachtungen, übers. von Wittstock, Reclam, Stuttgart 2012.

Mayer, Jabloner, Kucsko-Stadlmayer, Lauren, Ringhofer und Thienel (Hrsg.), Staatsrecht in Theorie und Praxis, Festschrift Robert Walter zum 60. Geburtstag, Manz, Wien 1991.

Mayer-Maly, Rechtsphilosophie, Wien 2001, als Nachdruck: 2015, Verlag Österreich.

McCall, Mesopotamische Mythen, Reclam, Stuttgart 2016.

McDowell, Geist und Welt, übers. von Blume, Bräuer und Klass, Suhrkamp, Frankfurt am Main 2001.

Meggle (Hrsg.), Analytische Handlungstheorie Band 1, Suhrkamp, Frankfurt am Main 1977.

Meggle (Hrsg.), Handlung, Kommunikation, Bedeutung, Suhrkamp, Frankfurt am Main 1993.

Meggle (Hrsg.), Handlung, Kommunikation, Bedeutung, Suhrkamp, Frankfurt am Main 1993.

Mill, A System of Logic, J.W. Parker, London 1843, Band I.

Mill, Der Utilitarismus, übers. von Birnbacher, Reclam, Stuttgart 2010.

Mithen, The Prehistory of the Mind, A search for the origins of art, religion and science, London 1996.

Moore, Beweis einer Außenwelt, in: ders., Eine Verteidigung des Common Sense, Fünf Aufsätze, übers. von Bubser, Suhrkamp, Frankfurt am Main 1969.

Moore, Is Existence a Predicate? (1936), in: Moore: Philosophical Papers, London 1959.

Moore, Principia Ethica, Cambridge University Press, London 1903.

Morscher und Stranzinger (Hrsg.), Akten des 5. Int. Wittgenstein Symposiums, Hölder-Pichler-Tempsky, Wien 1981.

Müller, Wittgensteins »Tractatus«, Bouvier, Bonn 1967.

Newen, Philosophie des Geistes, C.H. Beck, München 2013.

Nietzsche, Jenseits von Gut und Böse, Vorspiel einer Philosophie der Zukunft, Reclam, Stuttgart 2013.

Opałek, Überlegungen zu Hans Kelsens „Allgemeiner Theorie der Normen", Manz, Wien 1980.

Origines, Vier Bücher von den Prinzipien, Wissenschaftliche Buchgesellschaft, Darmstadt 1958.

Pačić, Das strikte Recht: Zivilrecht, Manz, Wien 2019.

Pačić, Die Rechtsethik der Rechtschaffenen: Eine Rechtstheologie auf der Grundlage der Vernunft, JRP 27 (2019), S. 10 bis 23.

Pačić, Eine (neue) Skizze des (alten) Naturrechts, in: Kietaibl, Mosler und Pačić (Hrsg.), Gedenkschrift Robert Rebhahn, Manz, Wien 2019,

Pačić, Europäische Demokratie, FH des BFI Wien, Working Paper Series Nr. 109/2019.

Pačić, Islamische Rechtslehre, Manz, Wien 2014.

Pačić, Katholische Rechtslehre, FH des BFI Wien, Working Paper Series Nr. 106/2019.

Pačić, Rechtsethik des Daoismus, FH des BFI Wien, Working Paper Series Nr. 105/2019.

Pačić, Reine Rechtslehre, Eine Reflexion, NWV, Wien & Graz 2016.

Pačić, Vergleichende Rechtslehre, FH des BFI Wien, Working Paper Series Nr. 107/2019.

Page, Nordische Mythen, Reclam, Stuttgart 2016.

Pascal, Das Ich besteht nur in meinem Denken, Aus den „Gedanken", hrsg. von Wetz, übers. von Kunzmann, Reclam, Stuttgart 2017.

Pascal, Gedanken: Über Religion und einige andere Themen, übers. von U. Kunzmann, Reclam, Stuttgart 2004.

Pauer-Studer, Einführung in die Ethik, WUV Facultas, Wien 2003.

Pfister, Philosophie, Reclam, Stuttgart 2013.

Pfordten, Rechtsphilosophie, C.H. Beck, München 2013.

Platon, Apologie des Sokrates, übers. von Fuhrmann, Reclam, Stuttgart 2017.

Platon, der Staat (Politeia), übers. von Vretska, Reclam, Stuttgart 1997.

Platon, Menon, übers. von Kranz, Raclam, Stuttgart 1994

Popper, Logik der Forschung, 10. Aufl., Mohr Siebeck, Tübingen 2002.

Potacs, Rechtstheorie, Facultas, Wien 2015.

Puchta, Das Gewohnheitsrecht I, Palm'sche, Erlangen 1828.

Pufendorf, Über die Pflicht des Menschen und des Bürgers nach dem Gesetz der Natur, hrsg. von Luig, Insel Verlag, Frankfurt am Main 1994.

Pulvermüller, Brain mechanism linking language and action, Nature Reviews Neuroscience 6 (2005) 576 bis 582.

Putnam, Von einem realistischen Standpunkt, Schriften zu Sprache und Wirklichkeit, hrsg. von Müller, Rowohlt, Reinbek 1993.

Putnam, Von einem realistischen Standpunkt, Schriften zur Sprache und Wirklichkeit, übers. von Müller, Rowohlt, Reinbek bei Hamburg 1993.

Quensel und Treiber, Das „Ideal" konstruktiver Jurisprudenz als Methode, Rechtstheorie 33 (2002) 91 bis 124.

Quine, Necessary Truths, in: The Ways of Paradox, Random, New York 1966.

Quine, On what there Is, in: Quine: From a Logical Point of View, 2. Auflage, Nachdruck, Harper & Row, New York (ohne Jahr).

Quine, Wort und Gegenstand, übers. von Schulte und Birnbacher, Reclam, Stuttgart 1980.

Radbruch, Rechtsphilosophie, 2. Auflage, hrsg. von Dreier und Paulsen, C.F. Müller, Heidelberg 2003.

Rahner und Vorgrimler, Kleines Konzilskompendium, Sämtliche Texte des Zweiten Vatikanums, Herder, 35. Auflage, Freiburg im Breisgau 2008.

Rawls, Distributive Justice, in: Laslett und Runciman (Hrsg.), Philosophy, Politics and Society, Third Series, Basil Blackwell, Oxford 1967.

Rawls, Eine Theorie der Gerechtigkeit, übers. von Vetter, Suhrkamp, Frankfurt am Main 1979.

Rawls, Gerechtigkeit als Fairneß, in: Die Idee des politischen Liberalismus, Aufsätze 1978-1989, hrsg. von Hinsch, Suhrkamp, Frankfurt am Main 1994.

Rebhahn, Zu den Rahmenbedingungen von Rechtsdogmatik, in: Apathy, Bollenberger, Bydlinski, Iro, Karner und Karollus (Hrsg.), Festschrift für Helmut Koziol zum 70. Geburtstag, Jan Sramek Verlag, Wien 2010, S. 1461 bis 1480.

Rebhahn, Zur Methodenlehre des Unionsrechts – insbesondere im Privatrecht, Stefan Griller zum 60. Geburtstag gewidmet, ZfPW 2016, S. 281 bis 306.

Repgen, Gesetzesauslegung im älteren ius commune – eine Probe, ZfPW 2016, S. 259 bis 279.

Rhees, Some Developments in Wittgenstein's view of Ethics, Philosophical review LXXIV (1965), S. 22.

Richardson, Spivey, Barslou und McRae, Spatal representation activated during real-time comprehension of verbs, Cognitive Science 27 (2003) 767 bis 780.

Riezler, Das Rechtsgefühl, Rechtspsychologische Betrachtungen, 3. Auflage, Beck, München 1969.

Rödig, Die Denkform der Alternative in der Jurisprudenz, Springer, Berlin und Heidelberg 1969.

Rödig, Schriften zur juristischen Logik, hrsg. von Bund, Schmiedel und Thieler-Mevissen, Springer, Berlin, Heidelberg und New York 1980.

Roloff, Einführung in das Neue Testament, Reclam, 7. Auflage, Stuttgart 2012.

Rorty, Solidarität oder Objektivität, Drei Essays, übers. von Schulte, Reclam, Stuttgart 2013.

Rousseau, Abhandlung über den Ursprung und die Grundlagen der Ungleichheit unter den Menschen, übers. von Rippel, Reclam, Stuttgart 2012.

Rousseau, Vom Gesellschaftsvertrag oder Grundsätze des Staatsrechts, übers. von Brockard, Reclam, Stuttgart 2013.

Russel, Our Knowledge of the External World, Open Court, Chicago und London 1914.

Russel, Probleme der Philosophie, 25. Aufl., Suhrkamp, Frankfurt am Main 2014.

Russel, Scientific Method in Philosophy (1914), in: Mysticism and Logic, Longmans Green, London 1918.

Russel, Theory of Knowledge, Allen and Unwin, hrsg. von E.R. Eames, London 1984

Rüthers, Miniatur: „Das Gesetz ist oft klüger als seine Verfasser", ZfPW 2016, S. 383-384.

Salmon, Logik, übers. von Buhl, Reclam, Stuttgart 2009.

Savigny und Scholz (Hrsg.), Wittgenstein über die Seele, 3. Auflage, Suhrkamp, Frankfurt am Main 2016.

Savigny, System des heutigen römischen Rechts, Erster Band, bei Veit und Comp, Berlin 1840.

Savigny, Vom Beruf unserer Zeit für Gesetzgebung und Rechtswissenschaft, 2. Auflage, J.C.B. Mohr, Heidelberg 1828.

Schiller, Von den notwendigen Grenzen des Schönen, in: Schiller, Sämtliche Werke, Band 8: Philosophische Schriften, bearbeitet von B. Pelzer, Berlin 2005, S. 409 bis 426.

Schmücker, Was ist Kunst? Eine Grundlegung, Fink, München 1998.

Schoppenhauer, Die beiden Grundprobleme der Ethik, behandelt in zwei akademischen Preisschriften, Meiner, Hamburg 1978 und 1979.

Schoppenhauer, Die beiden Grundprobleme der Ethik, Über die Grundlage der Moral, in: derselbe, Sämtliche Werke, hrsg. von Löhneysen, Band 3, Cotta und Suhrkamp, Stuttgart und Frankfurt am Main 1978.

Schoppenhauer, Die Kunst, recht zu behalten, Reclam, Stuttgart 2014.

Schoppenhauer, Welt und Mensch, Eine Auswahl von Hübscher, Reclam, Stuttgart 2010.

Schröder, Richter, Gesetz und juristische Methode in der Zweck- und Interessenjurisprudenz, ZfPW 2016, 306 bis 318.

Schulte (Hrsg.), Texte zum Tractatus, Suhrkamp, Frankfurt am Main 1989.

Schulte, Wittgenstein, 2. Auflage, Reclam, Stuttgart 2016.

Seneca, Über die Güte, übers. von Büchner, Reclam, Stuttgart 2010.

Seneca, Vom glücklichen Leben, übers. von Mutschler, Reclam, Stuttgart 2012.

Singer, Praktische Ethik, übers. von Wolf, 2. Auflage, Reclam, Stuttgart 1994.

Skirbekk (Hrsg.), Wahrheitstheorien, Suhrkamp, Frankfurt am Main 1977.

Solomon, Das Judentum, übers. von Schöller, 6. Auflage, Reclam, Stuttgart, 2013.

Spaemann, Über den Begriff der Menschenwürde, in: Böckenförde und Spaemann (Hrsg.), Menschenrechte und Menschenwürde, Klett-Cotta, Stuttgart 1987.

Specht, Sprache und Sein, de Gruyter, Berlin 1967.

Stekeler-Weithofer, Sprachphilosophie, C.H.Beck, München 2014.

Stollberg-Rilinger, Der Staat als Maschine, Zur politischen Metaphorik des absoluten Fürstenstaats, Duncker & Humblot, Berlin 1986.

Strausberg, Zarathustra und seine Religion, 2. Auflage, C.H. Beck, München 2011.

Strawson, Einzelding und logisches Subjekt, Ein Beitrag zur deskriptiven Metaphysik, übers. von Scholz, Reclam, Stuttgart 1972.

Strawson, Introduction to Logical Theory, Methuen, London 1952.

Strawson, Skeptizismus und Naturalismus, übers. von Istase und Soskey, Philo, Berlin 2001.

Strömholm, Allgemeine Rechtslehre, Vandenhoeck & Ruprecht, Göttingen 1976.

Tammelo, Rechtslogik und materiale Gerechtigkeit, Athenäum, Frankfurt am Main 1971.

Tetens, Gott denken, Ein Versuch über rationale Theologie, Reclam, Stuttgart 2015.

Tetens, Wittgensteins »Tractatus«, Ein Kommentar, Reclam, Stuttgart 2009.

Thomas von Aquin, Summa Theologica, hrsg. von der Albertus-Magnus-Akad. Walberberg bei Köln, Styria Verlag, Heidelberg, Graz, Wien und Köln 1981.

Thomas von Aquin, Über die Herrschaft des Fürsten, übers. von Schreyvogl, Reclam, Stuttgart 2008.

Tugendhat und Wolf, Logisch-semantische Propädeutik (1983), Reclam, Stuttgart 2010.

Tugendhat, Existence in Space and Time, in: Neue Hefte für Philosophie 8 (1975) 14 bis 33.

Tugendhat, Probleme der Ethik, Reclam, Stuttgart 1984.

Verdross, Die systematische Verknüpfung von Recht und Moral, in: Sauer (Hrsg.), Forum der Rechtsphilosophie, B. Pick, Köln 1950, S. 9 bis 15.

Verdross, Statisches und dynamisches Naturrecht, Rombach, Freiburg 1971.

Vesting, Rechtstheorie, C.H. Beck, München 2007.

Viehweg, Topik und Jurisprudenz, C.H. Beck, 2. Auflage, München 1963.

Wachtendorf, Ethik als Mythologie, Sprache und Ethik bei Ludwig Wittgenstein, Paregra, Berlin 2008.

Waldenfels, In den Netzen der Lebenswelt, Suhrkamp, Frankfurt am Main 1985.

Walter (Hrsg.) Schwerpunkte der Reinen Rechtslehre, Manz, Wien 1992.

Walter, Das Recht als objektive Gegebenheit oder als Bewusstseinsinhalt, ÖJZ 1992, 281.

Walter, Jabloner und Zeleny (Hrsg.), 30 Jahre Hans-Kelsen-Institut, Manz, Wien 2003.

Walter, Jabloner und Zeleny (Hrsg.), Griechische Philosophie im Spiegel Hans Kelsens, Manz, Wien 2006.

Walter, Rechtstheorie und Erkenntnislehre gegen Reine Rechtslehre? Eine Buchbesprechung und eine Erwiderung, Manz, Wien 1990.

Weber, Credo, Das Glaubensbekenntnis verstehen, Matthias Grünewald Verlag, Ostfildern 2017.

Weinberger, Rechtslogik, 2. Auflage, Duncker & Humblot, Berlin 1989.

Whitehead und Russel, Principia Mathematica, Cambridge University Press, Cambridge 1997.

Wieacker, Zur praktischen Leistung der Rechtsdogmatik, in: Bubner, Cramer und Wiehl (Hrsg.), Hermeneutik und Dialektik, FS für Gadamer, Band II, J.C.B. Mohr, Tübingen 1970, S. 311 bis 336.

Williams, Unnatural Doubts, Epistemological Realism and the Basis of Scepticism, Princeton University Press, Princeton 1996.

Winch, Trying to Make Sense, Blackwell, Oxford 1987.

Wittgenstein, Aufzeichnungen für Vorlesungen über „privates Erlebnis" und „Sinnesdaten", in: Schulte (Hrsg.), Vortrag über Ethik, 6. Auflage, Suhrkamp, Frankfurt am Main 2012, S. 47 bis 100.

Wittgenstein, Aufzeichnungen über Logik, in: Werkausgabe 1, 22. Auflage, Suhrkamp, Frankfurt am Main 2016, S. 188 bis 208.

Wittgenstein, Aufzeichnungen, die G. E. Moore in Norwegen nach Diktat niedergeschrieben hat, April 1914, in: Werkausgabe 1, 22. Auflage, Frankfurt am Main 2016, S. 209 bis 223.

Wittgenstein, Bemerkungen über Farben, in: Werkausgabe 8, 15. Auflage, Suhrkamp, Frankfurt am Main 2017, S. 7 bis 112.

Wittgenstein, Bemerkungen über Frazers Golden Bough, in: Schulte (Hrsg.), Vortrag über Ethik, 6. Auflage, Suhrkamp, Frankfurt am Main 2012, S. 29 bis 46.

Wittgenstein, Bemerkungen über logische Form, in: Schulte (Hrsg.), Vortrag über Ethik, 6. Auflage, Suhrkamp, Frankfurt am Main 2012, S. 20 bis 28.

Wittgenstein, Philosophische Untersuchungen, Auf der Grundlage der kritisch-genetischen Edition neu hrsg. von J. Schulte, Suhrkamp, Frankfurt am Main 2003, 7. Auflage: 2015.

Wittgenstein, Tagebücher 1914-1916, in: Werkausgabe 1, 22. Auflage, Suhrkamp, Frankfurt am Main 2016, S. 87 bis 187.

Wittgenstein, Tractatus logico-philosophicus, 34. Auflage, Suhrkamp, Frankfurt am Main 2013.

Wittgenstein, Tractatus logico-philosophicus, in: Werkausgabe 1, 22. Auflage, Suhrkamp, Frankfurt am Main 2016, S. 7 bis 85,

Wittgenstein, Über Gewißheit, in: Werkausgabe 8, 15. Auflage, Suhrkamp, Frankfurt am Main 2017, S. 114 bis 257.

Wittgenstein, Ursache und Wirkung, Intuitives Erfassen, in: Schulte (Hrsg.), Vortrag über Ethik, 6. Auflage, Suhrkamp, Frankfurt am Main 2012, S. 101 bis 140.

Wittgenstein, Vermischte Bemerkungen, in: Werkausgabe 8, 15. Auflage, Suhrkamp, Frankfurt am Main 2017, S. 445 bis 573.

Wittgenstein, Vorlesungen 1930-1935, übers. von Schulte, Suhrkamp, Frankfurt am Main 1989.

Wittgenstein, Vorlesungen über Ästhetik (S. 11 bis 60), Gespräche über Freud (S. 61 bis 74) und Vorlesungen über den religiösen Glauben (S. 75 bis 98), in: Vorlesungen und Gespräche über Ästhetik, Psychoanalyse und religiösen Glauben, hrsg. von Barrett, übers. von R. Funke, 3. Auflage, Fischer, Frankfurt am Main 2005.

Wittgenstein, Vortrag über Ethik und andere kleine Schriften, hrsg. von Schulte, 6. Auflage, Suhrkamp, Frankfurt am Main 2012.

Wittgenstein, Zettel, in: Werkausgabe 8, 15. Auflage, Suhrkamp, Frankfurt am Main 2017, S. 259 bis 443.

Zaehner, Mysticism, sacred and profane, Clarendon Press, Oxford 1957.

Zemach, Wittgenstein's Philosophy of the Mystical, Review of Metaphysics XVIII (1964), S. 38.

Zhungzi, Das Buch der daoistischen Weisheit, übers. von Schuhmacher, Reclam, Stuttgart 2016.

Zwaan und Madden, Embodied sentence comprehension, in: Pecher und Zwaan (Hrsg.) Grounding cognition: The role of perception and action in memory, language, and thinking, Cambridge 2005, S. 224 bis 245.